Die Originalausgabe erschien 2009 unter dem Titel
»L'Agenda de l'apprenti scientifique«
bei Éditions de La Martinière, Paris.
© 2009, Éditions de La Martinière, ein Unternehmen der Martinière Groupe, Paris
Text © Nicole Ostrowsky 2009
Illustration © Theresa Bronn 2009
Grafik © Elisabeth Ferté 2009

Alle Rechte vorbehalten
Übersetzung aus dem Französischen © Arena Verlag GmbH, Würzburg, 2011, von Silvia Schröer
Covergestaltung: Umschlaggestaltung: Nele Schütz Design unter Verwendung von Illustrationen von Theresa Bronn
Druck: UAB BALTO print
Printed in Lithuania

ISBN 978-3-96269-155-4

www.impian.de

Nicole Ostrowsky

MIT 365 VERBLÜFFENDEN EXPERIMENTEN DURCH DIE NATURWISSENSCHAFTEN

NOTIZEN EINES GENIES

Mit Illustrationen von Theresa Bronn
Unter Mitarbeit von Gillian Rosner
Aus dem Französischen von Silvia Schröer

Ich kenne Nicole Ostrowsky seit vielen Jahren. Wir teilen die gleiche Leidenschaft – nämlich Kindern und Jugendlichen die Wissenschaften näherzubringen. Am besten geht das durch Experimente, die ihre Neugier wecken oder wiederbeleben.

Als ich durch das Tagebuch blätterte, war ich überrascht zu sehen, wie abwechslungsreich dieser Spaziergang durch die Wissenschaften ist. Jeden Tag des Jahres können die jungen »Wissenschaftler« mit einfachen Gegenständen experimentieren und so die Wunder begreifen, die sie umgeben. Von den Phänomenen, die man am Himmel beobachten kann, bis hin zu denen, die man im Alltag antrifft. Der junge Leser wird angeregt, die sich ständig ändernde Realität des Universums zu beobachten, und lernt mit der subtilen Denkweise der Gelehrten zu jonglieren.

Das Tagebuch ist auch reich an Beispielen für menschliche Irrtümer. Einige sind durch Gutgläubigkeit zustande gekommen, andere wurden absichtlich produziert.

Unter anderem wird der Nachwuchswissenschaftler folgenden Satz in diesem Buch lesen: **»Alle Menschen sind sterblich. Sokrates ist sterblich. Also ist Sokrates ein Mensch.«** An diesem Tag wird es seine Aufgabe sein, weitere, genauso falsche Gedankengänge zu schmieden! So tritt er in die Fußstapfen eines Gelehrten, der versucht, die Fallen einer falsch benutzten Logik aufzudecken.

Auch Erwachsene, sogar Wissenschaftler, werden in diesem Tagebuch eine Vielzahl von Beispielen und praktischen Hinweisen finden, die zum Nachdenken anregen und ihr eigenes Wissen vergrößern. Vielleicht legt der eine oder andere ja sogar selbst mit Hand an. Es ist eine spannende Aufgabe, Jugendliche für die Wissenschaften zu begeistern, und es macht Spaß, die Welt zu entdecken, die uns jeden Tag aufs Neue überrascht.

Georges Charpak,
Nobelpreisträger 1992

Was ist ein Wissenschaftler?

I. JANUAR

Nimm einen Kieselstein und schau ihn dir genau an. »Woraus besteht er?«, fragt sich der **Chemiker.** »Warum ist er schwer?«, fragt sich der **Physiker.** Der **Biologe** erklärt dir, warum er nicht lebt, der **Mathematiker** hilft dir, sein Volumen und seinen Oberflächeninhalt zu berechnen. Der **Geologe** könnte dir sagen, woher der Stein kommt. Ein jeder von ihnen betrachtet die Welt mit neugierigen Augen und versucht, sie zu verstehen. Wie steht es mit dir?

Überlege dir Berufe, die etwas mit Wissenschaft zu tun haben, und ordne sie in zwei Spalten:

»Der Beginn aller Wissenschaften ist das Erstaunen, dass die Dinge sind, wie sie sind.«

Aristoteles
(griechischer Philosoph)

Interessiert mich	Nie im Leben

Hast du an diese Berufe gedacht? Archäologe, Kriminologe, Ethnologe, Informatiker, Linguist, Arzt, Pilot …

2. JANUAR

Um Wissenschaftler zu werden, musst du neugierig sein. Und wenn man neugierig ist, dann stellt man Fragen.

Schreib hier alle Gründe auf, die dich daran hindern, heute Fragen zu stellen.

Ich bin schüchtern, ich habe Angst, dass man mich auslacht, niemand hört mir zu . . .

»Wer fragt, ist ein Narr für fünf Minuten. Wer nicht fragt, ist ein Narr für immer.«

chinesisches Sprichwort

3. JANUAR

»Die Neugier steht immer an erster Stelle eines Problems, das gelöst werden will.«

Galileo Galilei
(italienischer Philosoph, Mathematiker, Physiker und Astronom)

Heute nimmst du es in Angriff. Stell von morgens bis abends Fragen zu einem bestimmten Thema. Zum Beispiel:

Wie funktioniert eine Batterie? Haben alle Batterien dieselbe Form? Ist es egal, in welche Richtung man sie einlegt? Was steht auf einer Batterie drauf? . . .

Schreib auf, was du in Erfahrung gebracht hast.

4. JANUAR

Was schwimmt und was geht unter?

Leg eine Banane und eine Erbse in eine mit Wasser gefüllte Schüssel. Was schwimmt, was geht unter?

Versuch es mit anderen Dingen und ordne sie in diese Spalten:

Gegenstände, die schwimmen	Gegenstände, die untergehen

»Heureka!«

Archimedes
(griechischer Mathematiker, Physiker und Ingenieur)

Die Banane schwimmt. Die Erbse geht unter, obwohl sie leichter ist. Es liegt also nicht nur am Gewicht, wenn Gegenstände untergehen, sondern daran, dass sie schwerer sind als das Wasser, welches sie »verdrängen«. Man sagt, sie haben eine größere Dichte als Wasser.

Wie bringt man etwas zum Schwimmen, das eine größere Dichte als Wasser hat?

5. JANUAR

Nimm ein Stück Knete und roll eine Kugel.
Schwimmt sie?
Form die Kugel zu einem Boot.
Und jetzt?

»Wasser hat
keine Balken.«

deutsches
Sprichwort

**Zeichne Gegenstände mit einer
größeren Dichte als Wasser,
die aber trotzdem schwimmen.**

Wenn man einem schweren Material eine hohle Form gibt,
die viel Luft umschließt, verringert sich seine Gesamtdichte.
Sie wird geringer als Wasser und der Gegenstand schwimmt.
Zum Beispiel: Boote, leere Flaschen, zusammengeknüllte Aluminiumfolie ...

6. JANUAR

»... und das ist nur die Spitze des Eisbergs!«

Redewendung

Warum schwimmt Eis?

Leg einen großen Eiswürfel in ein Glas und füll es bis zum Rand mit Wasser. Der Eiswürfel schwimmt wie ein Eisberg auf dem Meer. Seine Dichte ist also geringer als die von flüssigem Wasser.

Rätselfrage: Das Eis schmilzt. Was passiert?
☐ a) Das Wasser schwappt aus dem Glas.
☐ b) Der Wasserspiegel ändert sich nicht.
☐ c) Der Wasserspiegel sinkt.

Schließ Wetten mit deiner Familie und deinen Freunden ab und schreib auf, was sie getippt haben.

_____

_____

_____

_____

Und wenn der Eiswürfel auf mir schmilzt, werde ich dann dicker?

b ist richtig. In einem Eiswürfel (festes Wasser) sind die Wassermoleküle weiter voneinander entfernt als in flüssigem Wasser. Wenn sie schmelzen, nähern sich die Moleküle an und finden ihren Platz im Inneren des Glases, ohne überzulaufen. Warum also hört man immer wieder, dass durch die zunehmende Erderwärmung das Packeis schmelzen und der Wasserspiegel steigen wird?

7. JANUAR

Kann man Eis zusammenschweißen?

Nimm zwei Eiswürfel und drück sie
für ein paar Sekunden aneinander.
Was passiert?
Kannst du sie wieder trennen?
Und wenn du fester drückst?
Oder nur leicht?

Schreibe deine Beobachtungen auf.

»Die Zeit trennt wieder, was der Mensch zu vereinen versucht.«

Jean-Claude Clari
(französischer Schriftsteller)

Presst man einen Eiswürfel gegen einen anderen, zwingt man die Wassermoleküle, sich einander anzunähern. Dadurch verflüssigen sie sich. Dieses flüssige Wasser tritt aus der zusammengepressten Zone aus, gefriert an den Rändern wieder und du kannst die Eiswürfel nicht mehr trennen.

8. JANUAR

Wie bekommt man einen Faden durch einen Eiswürfel?

Leg einen Eiswürfel auf eine Serviette, spann einen Faden (dünn und reißfest) zwischen deinen Händen und drück ihn auf den Eiswürfel. Hab ein bisschen Geduld.

**Schreib deine Beobachtungen auf.
Und wenn du einen dünneren Faden nimmst?
Oder einen dickeren?**

Dort, wo der Faden auf das Eis drückt, verflüssigt es sich und der Faden sinkt langsam ein. Über dem Faden wird das Eis nicht mehr komprimiert und das Wasser gefriert erneut. Je dünner der Faden, desto stärker komprimiert er das Eis und desto schneller sinkt er ein.

Hast du schon mal einen Schneeball geformt? Wie machst du das?

9. JANUAR

Du nimmst eine Handvoll pudrigen Schnee und drückst ihn in deinen Händen zusammen.

**Warum wird er hart wie ein Ball?
Wie kann man den Ball vergrößern?**

»Ein rollender Stein setzt kein Moos an.«

japanisches Sprichwort

Los, mach schon, werde zum Ball!

HÖR AUF! Du hast wohl noch nie Schnee gesehen!

Wenn du Schnee zusammendrückst, komprimierst du ihn. Dadurch schmilzt er an mehreren Stellen. Nimmst du deine Hände wieder weg, gefriert das Wasser erneut und die Kugel wird hart. Um den Schneeball zu vergrößern, presst du ihn auf frischen Schnee und rollst ihn hin und her. Der frische zusammengedrückte Schnee klebt an dem Ball fest und der wird immer größer.

10. JANUAR

Hagel, Schnee, wo liegt da der Unterschied?

Hagelkörner sind einfache Regentropfen, die gefrieren, bevor sie auf die Erde fallen. Schneeflocken bilden sich nach und nach aus Wasserdampf in der Luft.

Sieh dir ein paar Schneeflocken genau an und zeichne sie hier nach.
Weißt du, warum sie unterschiedlich groß sind und verschiedene Formen haben?

Eine Schneeflocke wächst ganz nach Lust und Laune.
Und zwar durch das Zusammentreffen von Wassermolekülen in der Luft.
Diese schließen sich leichter am Ende der Schneeflockenäste an als in der Mitte.

 **11. JANUAR**

»Wer im Schnee läuft, sollte seine Spur verwischen.«

chinesisches Sprichwort

Wie nennt man festes Wasser?

Es gibt so viele Sorten Schnee und Eis,
dass die Inuit* mehrere Dutzend Worte haben,
um sie zu beschreiben.

Welche Worte fallen dir im Deutschen ein?

* Inuit sind Volksgruppen, die in den arktischen Gegenden Kanadas und auf Grönland leben.

Schneewehe, Pulverschnee, Glatteis, Raureif ...

12. JANUAR

Wie zeichnet ein Mathematiker eine Schneeflocke?

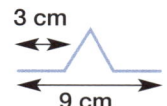

Zeichne ein Dreieck mit einer Seitenlänge von 9 cm. Unterteil jede Seite in drei Abschnitte von 3 cm Länge. Im mittleren Abschnitt setzt du nun jeweils ein weiteres Dreieck mit gleicher Seitenlänge (also 3 cm) auf die Linie. Als Nächstes unterteilst du wieder alle entstandenen Seiten in drei Abschnitte, diesmal von 1 cm Länge, und fügst erneut im mittleren Abschnitt ein Dreieck mit entsprechender Seitenlänge (also 1 cm) an.

Wie weit kannst du gehen?

Kannst du den Umfang der »mathematischen« Schneeflocke von gestern messen?

13. JANUAR

Nimm einen kleinen Stock von 9 cm Länge (Eichmaß). Damit du den Umfang der Schneeflocke messen kannst, musst du ihn etwa dreimal übertragen. Dann erhältst du folgendes Ergebnis: L1 = 9 cm · 3 = 27 cm.

Miss nun mit einem Eichmaß von 3 cm. Wie viel Mal musst du es anlegen, um einmal rundherum um die Schneeflocke zu messen? Auf welche Länge kommst du?

L2 = ...

Und auf welches Ergebnis kommst du mit einem dreimal kleineren Eichmaß von 1 cm?

L3 = ...

Und wie lautet dein Ergebnis mit einem wiederum drei mal kleineren Eichmaß von 1/3 cm?

L4 = ...

Das Ergebnis deiner Messung hängt von den Details ab, denen du Rechnung trägst. Der Vermessungsingenieur, der die Länge einer Küste messen will, steht vor demselben Problem. Er kann nicht jede kleine Bucht oder jeden Felsvorsprung beachten, sonst würde die gemessene Länge unaufhaltsam ansteigen: Sie würde ins Unendliche gehen.

L1 = 27 cm, L2 = 36 cm, L3 = 48 cm, L4 = 64 cm

14. JANUAR

Was ist deiner Meinung nach das Unendliche?

Frag auch deine Familie und deine Freunde und schreibe ihre Antworten hier auf.

»Wer das Unendliche sucht, muss nur die Augen schließen.«

Milan Kundera
(tschechischer Schriftsteller)

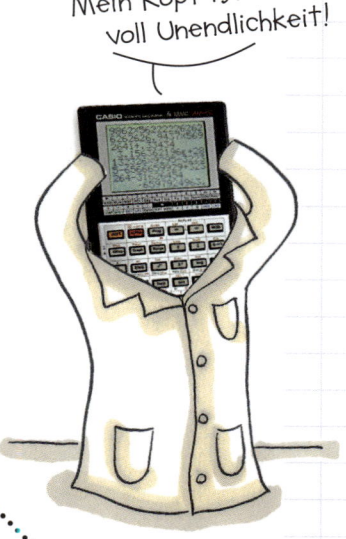

Mein Kopf ist voll Unendlichkeit!

Für Physiker stellt das Unendliche ein Problem dar, denn man kann es nicht messen. Die Mathematiker haben dagegen verschiedene Formen des Unendlichen erfunden und vergleichen sie miteinander.

Jede zweite Zahl ist gerade

15. JANUAR

Was meinst du? Gibt es mehr natürliche Zahlen oder mehr gerade Zahlen?
Damit dir die Antwort leichterfällt, ordne die ersten Zahlen der natürlichen Zahlenreihe oben in die Kästchen ein und die ersten Zahlen der geraden Zahlenreihe in die unteren Kästchen:

Natürliche Zahlen	1	2	3	4					
Gerade Zahlen		2	4	6	8				

Schreibe deine Begründung hier auf.

»Zwei Dinge sind unendlich, das Universum und die menschliche Dummheit, aber bei dem Universum bin ich mir noch nicht ganz sicher.«

Albert Einstein
(deutscher Physiker)

Jeder Zahl in der oberen Reihe entspricht das Doppelte in der unteren Reihe. Es gibt also genauso viele natürliche Zahlen wie gerade Zahlen ... und davon unendlich viele.

16. JANUAR

Markier auf einem großen Blatt Papier einen Punkt in der Mitte. Dann zeichne mithilfe eines Bleistifts und eines Fadens einen großen Kreis um den Punkt herum. Leg nun mit einem Faden den Rand des Kreises nach. Miss die Länge des Fadens und du hast den Kreisumfang ermittelt. Miss nun den Durchmesser deines Kreises mit einem Lineal.
Jetzt berechne Pi (π):

$$\pi = \frac{\text{Umfang}}{\text{Durchmesser}} = ?$$

»Natürlicher Verstand kann fast jeden Grad von Bildung ersetzen, aber keine Bildung den natürlichen Verstand.«

Arthur Schopenhauer
(deutscher Philosoph)

Das Symbol π ist der erste (griechische) Buchstabe des Wortes Umfang. Die Dezimalstellen dieser »irrationalen« Zahl folgen unendlich und ohne logische Folge aufeinander:
3,141 592 653 589 793 238 462 ...

Probier es auch einmal mit einem kleineren oder größeren Kreis.

Das Paradoxon des Unendlichen

17. JANUAR

Du willst von Hamburg nach Berlin.
Am ersten Tag legst du die Hälfte des Weges zurück ($\frac{1}{2}$).
Am zweiten die Hälfte der verbleibenden Strecke ($\frac{1}{4}$)
und so weiter.
In diesem Rhythmus scheinst du nie ans Ziel zu kommen.

Und doch: Addier die Brüche des täglich zurückgelegten
Weges: $\frac{1}{2} + \frac{1}{4} + \frac{1}{8} + \ldots$

»Auch der längste Marsch beginnt mit dem ersten Schritt.«

Laotse
(chinesischer Philosoph)

Nach wie vielen Tagen erreichst du 0,99, also 99 % des Weges?

Nach sieben Tagen.

18. JANUAR

Zeichne hier oder auf einem Blatt Papier dein Zimmer auf, verändere jedoch den Maßstab:

10 cm könnten 1 Meter deines Zimmers sein.

Für eine Reise in die unendliche Weite:
*www.myvideo.de/watch/5071174/
Massstaebe_des_Universums*

Sieh dich um. Welches sind die kleinsten Gegenstände um dich herum, die du mit bloßem Auge erkennen kannst?

Leg sie auf einen Tisch und zeichne sie nach. Vergrößere dabei den Maßstab um den Faktor 10. 1 mm in Wirklichkeit sind also 1 cm auf dem Papier.

19. JANUAR

»Man sieht nur mit dem Herzen gut. Das Wesentliche ist für das Auge unsichtbar.«

Antoine de Saint-Exupéry
(französischer Schriftsteller)

Ich bin erledigt! Weder Augen noch Herz.

20. JANUAR

Die Erde ist etwa 144 Millionen Kilometer von der Sonne entfernt. Das kann man sich nur schwer vorstellen! Noch schwieriger wird es, wenn es um die Berechnung der Zeit geht, die das Sonnenlicht braucht, um zur Erde zu gelangen:

Da das Licht pro Sekunde 300 000 km zurücklegt, sind das in einer Minute 300 000 km · 60 = 18 Millionen km und in acht Minuten achtmal mehr, also 144 Millionen km.

Man kann also sagen, dass die Erde acht Lichtminuten von der Sonne entfernt liegt.

Finde die Entfernungen (in Lichtjahren) der Sterne heraus, die der Sonne am nächsten sind.

Der Stern, der der Sonne am nächsten steht (Proxima Centauri), liegt 4,3 Lichtjahre von ihr entfernt. Das Licht, das uns von diesem Stern erreicht, ist vor mehr als vier Jahren auf die Reise gegangen!

21. JANUAR

Ist es weit bis zum Mond?

Um die Entfernung zwischen der Erde und dem Mond zu messen, haben Astronauten einen Spiegel auf dem Mond installiert. Von der Erde aus ist ein Laser auf ihn gerichtet. Ein Lichtstrahl braucht 2,6 s, um von der Erde zum Mond und zurück zu gelangen.

Die Entfernung zwischen Erde und Mond beträgt also:

_____ Lichtsekunden,

d. h. _____ km.

»Schwing dich zum Mond empor, selbst wenn du ihn verfehlst, landest du bei den Sternen!«

Les Brown
(amerik. Musiker und Big-Band-Leader)

Entfernung Erde–Mond: 1,3 Lichtsekunden = 390 000 km

22. JANUAR

Kleiner Ausflug in die Welt der Vokabeln

Die Vorsilbe Mikro stammt vom griechischen *mikros*, was »klein« bedeutet. In den Naturwissenschaften wird sie oft verwendet, um auszudrücken: »eine Million Mal kleiner als«.

Die Vorsilbe Mega bedeutet »groß« oder im Griechischen wortwörtlich »eine Million«.

Mach eine Liste mit den Wörtern (wissenschaftlich oder im allgemeinen Sprachgebrauch), die diese Vorsilben benutzen:

Mikro-	Mega-
Mikrobe	Megalith
...	...

»In jedem Mikrokosmos liegt der ganze Makrokosmos, und dieser enthält nichts mehr als jener.«

Arthur Schopenhauer
(deutscher Philosoph)

23. JANUAR

Vom Mond sehen wir nur, was er uns zeigen kann

Leg einen Tischtennisball (den Mond) in Augenhöhe auf einen Hocker. Leuchte ihn von der Seite mit einer Lampe (der Sonne) an und schwärze mit einem Filzstift die Seite des Balls, die nicht erhellt wird. Jetzt hast du die Schattenzone markiert.

**Betrachte den Ball aus verschiedenen Blickwinkeln, indem du um den Hocker herumgehst.
Zeichne jedes Mal, was du siehst.**

»*Glauben Sie wirklich, der Mond ist nicht da, außer wenn jemand hinschaut?*«

Albert Einstein
(deutscher Physiker)
zu Vertretern der
Quantentheorie

Hast du die verschiedenen Formen, die der Mond am Himmel annimmt, wiedererkannt? Und doch bist es nicht du, der Erdling, der um den Mond herumwandert. Der Mond wandert um die Erde!
Morgen erfährst du mehr dazu.

24. JANUAR

Woher wissen wir, ob der Mond zu- oder abnimmt?

Leg wie gestern deinen Mondball auf einen Hocker neben dich. Diesmal aber simulierst du den Kreis, den der Mond in knapp einem Monat zurücklegt, indem du den Hocker um dich herum versetzt – und zwar gegen den Uhrzeigersinn. Achtung, die gelbe, »erhellte« Seite des Mondballs muss immer der Lampensonne zugewandt sein.

»*Jeder ist ein Mond und hat eine dunkle Seite, die er niemandem zeigt.*«

Mark Twain
(US-amerikanischer Schriftsteller)

Zeichne die gelben Abschnitte des Balls, so wie sie im Laufe des Monats aufeinanderfolgen.

He! Gib mir meinen Mond zurück!

Bei abnehmendem Mond zeigt sein Bauch wie beim *a* nach links. Nimmt der Mond zu, dann zeigt sein Bauch wie beim *z* nach rechts.

Aber aufgepasst: Auf der südlichen Erdhalbkugel ist es genau andersherum.

Kann man Mond und Sonne zur selben Zeit am Himmel sehen?

25. JANUAR

Wiederhol das Experiment von gestern und setz dich gegenüber der Lampensonne (für dich ist jetzt Mittag). Wohin kannst du den Hocker mit dem Mondball stellen, sodass der Mond weiterhin in deinem Blickfeld ist? Genau vor dich? Eher zu deiner Rechten oder deiner Linken?

Beobachte den Himmel an mehreren Tagen hintereinander und überprüf deine Vorhersage.

»*Die Dunkelheit hat keinen Nutzen von der Sonne, da diese nur tagsüber scheint. Der Mond aber bringt Licht in die Dunkelheit der Nacht. Daher erscheint mir der Mond nützlicher als die Sonne.*«

Nasreddin Hoca
(Protagonist humoristischer Geschichten im türkisch-islamischen Raum)

Wenn sich der Mond genau vor dir befindet, ist er zwar gut in deinem Blickfeld, aber du siehst nur die dunkle Hälfte (das ist der Neumond). Weiter zu deiner Rechten oder Linken kannst du die Mondsichel erkennen – sogar am Mittag. Allerdings zeichnet sie sich sehr blass vor einem hellen Himmel ab.

26. JANUAR

Kann man die Sonne verstecken?
Kann man den Mond verstecken?

Nimm deinen Ball und die Lampe wieder zur Hand. Stell dich zwischen die beiden. Wenn du der Lampe den Rücken zukehrst (du befindest dich mitten in der Nacht), betrachtest du den hell erleuchteten Ball (Vollmond) ... außer, wenn dein Schatten auf den Ball fällt. Dann hast du eine Mondfinsternis nachgestellt.

Du hast den Mond zwar nicht versteckt, aber du hast die Sonnenstrahlen daran gehindert, ihn zu erhellen.

Wie musst du dich platzieren, damit der Mond die Sonne versteckt (Sonnenfinsternis)?

Zeichne deine Position, die der Lampe und des Balls:

| bei einer Mondfinsternis | bei einer Sonnenfinsternis |

Hier kannst du herausfinden, wann die nächsten Mond- und Sonnenfinsternisse stattfinden: *http://eclipse.astronomie.info*

Bei der ersten Mondlandung im Jahr 1969 haben die Astronauten eine kleine Tafel mit einer eingravierten Botschaft hinterlassen.

Welche wäre deine gewesen?

27. JANUAR

»Ein kleiner Schritt für einen Menschen, aber ein großer für die Menschheit.«

Neil Armstrong
(US-amerikanischer Astronaut), als er als erster Mensch seinen Fuß auf den Mond setzte

28. JANUAR

Gibt es außerirdisches Leben?

In vielen Büchern und Filmen ist davon die Rede.

Welche hast du gelesen oder gesehen?
E.T. (Regisseur: Steven Spielberg)?
Foundation (Autor: Isaac Asimov)?

29. JANUAR

»Alles, was im Weltall existiert, ist die Frucht von Zufall und Notwendigkeit.«

Demokrit
(griechischer Naturphilosoph)

Was glauben die Wissenschaftler?

Versuch dir einmal vorzustellen, welche Lebensbedingungen vorhanden sein müssen, damit auf einem anderen Planeten Leben existieren kann:

___

___

___

___

Zu unserer Galaxie gehören Milliarden von Planeten. Man schätzt, dass etwa zehn Millionen von ihnen gute Kandidaten wären (nicht zu heiß und nicht zu kalt, eine Atmosphäre und grundlegende Elemente zur Entstehung von Leben sind vorhanden, Tag und Nacht wechseln sich in einem vernünftigen Rhythmus ab ...). Wenn auch nur einer von ihnen intelligentes Leben beherbergt, dann wären wir nicht mehr allein im Universum.

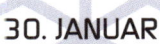
30. JANUAR

Vor dir steht ein Außerirdischer!

Worüber würdet ihr euch unterhalten?

Versuch herauszufinden, wie er auf die Erde gekommen ist und wie seine eigene Welt funktioniert:

Glaubst du an UFOs (unbekannte Flugobjekte)?

31. JANUAR

Such nach Berichten über UFOs und möglichen Erklärungen für ihre Erscheinung. Was hältst du davon?

»Ohne Spekulation gibt es keine neue Beobachtung.«

Alexander von Humboldt

Für die meisten UFO-Beobachtungen lassen sich wissenschaftliche Erklärungen finden (z. B. elektromagnetische, optische, meteorologische Phänomene). Für die noch ungeklärten Fälle gibt es psychologische Hypothesen (kollektive Halluzination, optische Illusion) wie zum Beispiel für das Aurora-Projekt.

Ein kleines Rätsel zum Monatsanfang

1. FEBRUAR

Leg aus Streichhölzern fünf Quadrate, so wie auf der Zeichnung. Nimm nun ZWEI Streichhölzer weg. Leg sie an anderer Stelle wieder an, sodass eine Figur aus vier gleichen Quadraten entsteht.

**Hier ein kleiner Denkanstoß:
Hast du die Streichhölzer gezählt?
Wie viele Seiten hat ein Quadrat?**
Die Antwort findest du am 1. März.

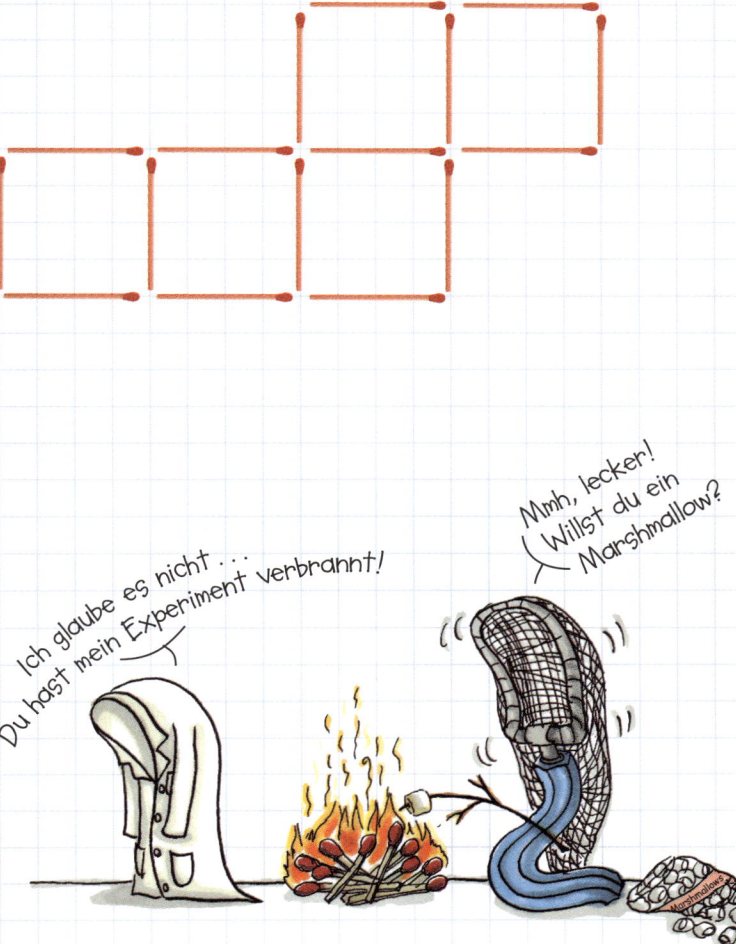

2. FEBRUAR

Warum sieht man nicht immer dieselben Sterne am Himmel?

Die Sterne stehen zwar still, aber wir auf der Erde drehen uns um unseren Stern, die Sonne.

In der Antike unterteilte man den Himmel wie eine Leinwand, die im Laufe des Jahres hinter der Sonne vorbeizog, in 13 Abschnitte.

Daraus leitete man 13 Tierkreiszeichen ab.
Sie tragen die Namen der Sternbilder,
die in dieser Zeit der Sonne »nahe standen«.

Versuch die Sternbilder zu finden, die den Tierkreiszeichen ihre Namen gegeben haben. Zeichne sie nach.

»Ich sage euch: Man muss immer noch Chaos in sich haben, um einen tanzenden Stern gebären zu können.«

Friedrich Nietzsche
(deutscher Philosoph)

Hier kannst du nachschauen, wenn du Hilfe brauchst:
http://www.palkan.de/sternzeichen2

Kann man die Zukunft vorhersagen?

3. FEBRUAR

Die Astrologen glauben,
dass die Position
der Sterne am Himmel
Einfluss auf die Menschen hat.

»Die Sterne lügen nicht.«

Friedrich Schiller
(deutscher Dichter,
aus: »Wallenstein«)

Sammle für die kommende Woche Horoskope für mehrere deiner Freunde oder Familienmitglieder. Überprüf nach sieben Tagen deren Vorhersagen.

Fische: »Diese Woche werden Sie jemanden aus Ihrer Familie verraten.« Diese Horoskope sind der reinste Unsinn!

4. FEBRUAR

**Kennst du abergläubische Redensarten?
Schreibe sie auf.**

Unter einer Leiter hindurchzulaufen, bringt Unglück.

»Die Astrologie entspringt dem unbestimmten Empfinden, dass es eine große kosmische Einheit gibt.«

Einem erstaunten Besucher, der sich wunderte, dass Niels Bohr, einer der Mitbegründer der Quantenphysik, ein Hufeisen als Glücksbringer über seiner Tür befestigt hatte, antwortete der angesehene Professor lächelnd: »Natürlich bin ich nicht abergläubisch. Aber selbst, wenn man nicht daran glaubt, scheint es zu funktionieren.«

Bist du ein guter Anwalt?

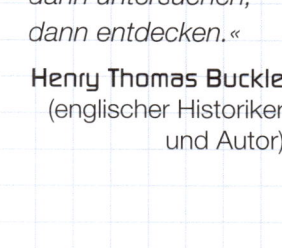

5. FEBRUAR

Finde Argumente dafür, was die Menschen zur Zeit von Galileo glaubten:

Die Natur schreckt vor leeren Räumen zurück.
Das kann man daran sehen, dass _____

Die Erde bewegt sich nicht.
Das ist ganz klar, weil _____

Der natürliche Zustand eines Gegenstands ist der Ruhezustand, weil _____

»Erst zweifeln, dann untersuchen, dann entdecken.«

Henry Thomas Buckle
(englischer Historiker und Autor)

Okay, am besten schlüpft man in die Haut des Betreffenden ...

Die antike Physik versuchte, Erklärungen für Alltagsphänome zu finden. Um diese theoretischen Hypothesen zu überprüfen, führte Galileo Experimente durch.

6. FEBRUAR

Was ist Trägheit?

Auf deinem Schreibtisch liegen »träge« Gegenstände wie Stifte, Lineal, Bücher, Blöcke ... Versuch einen Gegenstand nach dem anderen mit einem einfachen Fingerschnipser in Bewegung zu versetzen.

Schreib deine Beobachtungen auf.

»Der größte Feind des Fortschritts ist nicht der Irrtum, sondern die Trägheit.«

Henry Thomas Buckle
(englischer Historiker und Autor)

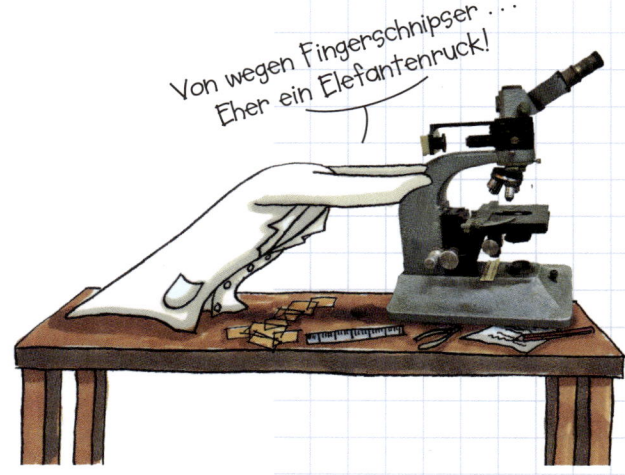

Je größer die Trägheit bzw. Masse eines Gegenstandes, desto schwieriger ist es, ihn in Bewegung zu versetzen.

Kannst du den Lauf der Dinge ändern?

7. FEBRUAR

Lass eine Murmel über den Boden rollen und schnipp sie seitlich zu ihrer Bewegungsrichtung mit dem Finger an. Ändert sie ihre Richtung und rollt abrupt im rechten Winkel weiter? Probier es auch mit einem Tischtennis- und einem Fußball. Welche Unterschiede kannst du feststellen?

Notiere deine Beobachtungen.

Je größer die Trägheit eines Körpers, desto mehr Kraft muss man aufwenden, um ihn zu beschleunigen.

8. FEBRUAR

Auf die Plätze, fertig, los!

Stell eine Tischplatte leicht schräg. Du kannst zum Beispiel einen Keil oder Pappdeckel unter zwei der Tischbeine legen. Such dir mehrere glatte Gegenstände, die man rollen kann (Bälle, Murmeln, Flaschen . . .). Lass sie den Tisch herunterrollen. Wer gewinnt?

Ich helfe dir! Wir Hohlköper müssen zusammenhalten.

Wir sind Erster . . . Wir sind Erster . . .

Schreib deine Beobachtungen auf.

Alle vollen Körper kommen mehr oder weniger zur selben Zeit an. Die hohlen Gegenstände (Klebebandrolle, Tischtennisball) erst später. Wenn die Masse eines Gegenstandes an seinem Rand (hohle Körper) verteilt ist, setzt er der Bewegung eine größere Trägheit entgegen und rollt langsamer nach unten.

Sieger in allen Klassen?

9. FEBRUAR

Heute arbeiten wir wieder mit der schräg stehenden Tischplatte. Lass volle und leere Getränkedosen hinunterrollen.

Schreib deine Beobachtungen auf.

»Geschwindigkeit ist keine Hexerei!«

Johann Nepomuk Nestroy
(österreichischer Dichter und Schauspieler)

Die leere Getränkedose liegt genauso wie die hohlen Körper weit hinter der vollen Dose zurück. In der vollen Dose konzentriert sich ihre Masse in der Flüssigkeit, also im Zentrum der Dose. Daher besitzt sie eine geringe Trägheit und gewinnt den Wettlauf.

10. FEBRUAR

Mit Geld um sich werfen!

Nimm das kleinste und das größte Geldstück zur Hand, das du finden kannst. Wirf sie beide gleichzeitig nach oben und beobachte, was geschieht.

Welches fliegt am höchsten?
Welches landet zuerst auf dem Boden?

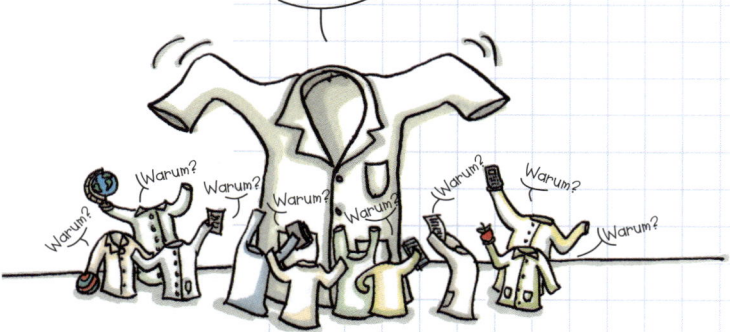

Beide legen den Weg von Anfang bis Ende gemeinsam zurück. Sie bremsen auf gleicher Höhe ab und beschleunigen dann gleichzeitig auf ihrem Weg nach unten. Dazu muss das Geldstück umso mehr Kraft aufwenden, je größer es ist. Diese Kraft ist sein Gewicht.

Achtung: Dieses Experiment klappt am besten in einem langen Flur!

11. FEBRUAR

Wirf deine Geldstücke nun – immer noch alle gleichzeitig – in horizontaler Richtung von dir weg. Welches ist am schnellsten? Und wenn du eins der Geldstücke durch eine Papierkugel ersetzt?

Schreibe deine Beobachtungen auf und zeichne die Flugbahn deiner Gegenstände – sowohl für eine langsame Anfangsbeschleunigung als auch für eine schnellere.

Gleiche Anfangsgeschwindigkeit, gleiche Flugbahn.
Außer der Luftwiderstand hat wie bei der Papierkugel
seine Finger mit im Spiel.

12. FEBRUAR

Gedankenexperiment

Zeichne einen Kreis mit einem Radius von 6 cm (die Erde), auf den du einen hohen Berg setzt (2 cm). Stell dir vor, auf seinem Gipfel stünde eine Kanone, die in horizontaler Richtung Kanonenkugeln abfeuert. Immer schneller, damit sie immer weiter fliegen.

**Wie weit können sie fliegen?
Zeichne ihre Flugbahn.**

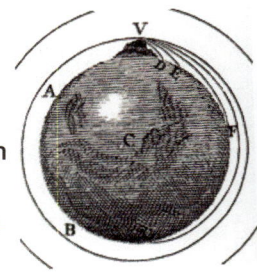

Diese Zeichnung rechts, die Newton vor mehr als drei Jahrhunderten angefertigt hat, zeigt, dass die Kanonenkugel, wenn ihre Geschwindigkeit hoch genug ist, wie ein Satellit einmal um die Erde herumfliegt und wieder an ihrem Ausgangspunkt ankommt.

Kann man der Erde entwischen?

13. FEBRUAR

Sieh dir deine Zeichnung von gestern an.
Wenn ihre Geschwindigkeit groß genug ist,
berührt die Kugel die Erde nicht,
sondern umkreist sie.

**Was würde deiner Meinung nach passieren,
wenn man ihre Anfangsgeschwindigkeit
noch weiter erhöhen würde?
Wie würde ihre Flugbahn aussehen?
Versuche sie zu zeichnen.**

Die Kugel würde sich weiter vom Zentrum der Erde entfernen und dabei eine ovale Bahn beschreiben (eine »Ellipse«). Wenn sie die Fluchtgeschwindigkeit (etwa 11 km/s, also fast 40 000 km/h!) überschreitet, büxt die Kugel aus der Erdanziehungskraft aus und kommt nicht mehr zurück.

14. FEBRUAR

So zeichnet man eine Ellipse

Auf einem Blatt Papier klemmst du einen dünnen Faden unter deinem Daumen und deinem Zeigefinger fest. Der Faden muss etwa doppelt so lang sein wie der Abstand zwischen deinen Fingern. Spann den Faden mit der Spitze eines Bleistifts und lass den Bleistift auf dem Papier entlang des gespannten Fadens wandern. Er zeichnet eine Ellipse.

»Zerschneide nicht den Faden, wenn du den Knoten lösen kannst.«

indisches Sprichwort

Du kannst die Form der Ellipse verändern, indem du den Abstand zwischen deinen Fingern oder die Länge des Fadens veränderst.

Mit Licht zeichnen

Richte in einem dunklen Raum den Strahl
einer Taschenlampe auf die Wand:
Eine helle Scheibe erscheint.
Führ den Strahl der Lampe langsam nach unten.
Was ist jetzt auf der Wand zu sehen?

**Zeichne den Rand der erhellten Fläche mit Bleistift nach.
Notiere deine Beobachtungen.**

15. FEBRUAR

Wenn du die Lampe nach unten richtest, verwandelt sich die erhellte Fläche vom Kreis zur Ellipse. Neigst du die Lampe weiter, dehnt sich die helle Fläche grenzenlos weiter aus. Ihre Außenlinie wird erst zu einer »Parabel« und dann zu einer »Hyperbel«.

16. FEBRUAR

Wie schließt sich die Schleife?

Nimm zwei etwa 4 cm breite und 30 cm lange Papierstreifen. Kleb nun die Enden eines Streifens übereinander, sodass ein einfacher Gürtel entsteht.

Bei dem zweiten Streifen verdrehst du ein Ende um 180°, bevor du die Enden zusammenklebst. Jetzt zeichnest du auf jeder Seite der beiden Gürtel eine Mittellinie, so lange, bis du wieder an deinem Ausgangspunkt angekommen bist. Welchen Unterschied stellst du zwischen den beiden Gürteln fest?

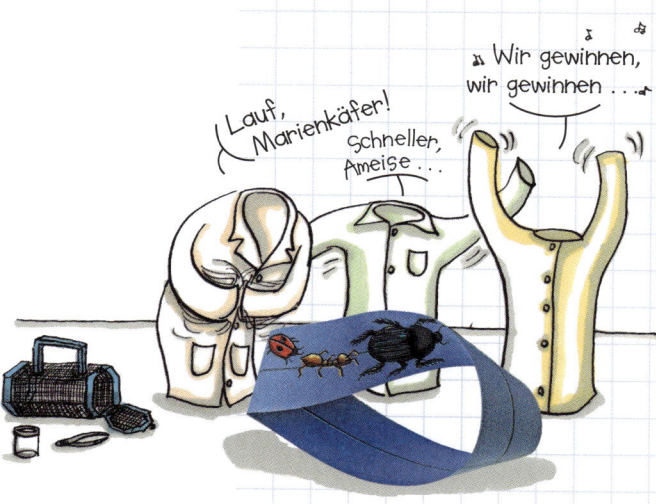

Der erste Gürtel hat wie ein Blatt Papier zwei Seiten.
Der zweite, auch »Möbiusband« (1858) genannt,
hat nur eine Seite und einen Rand.

»Wenn du einen Kuchen isst, beginnst du in der Mitte?«

Sprichwort der Haussa

Schneide die Gürtel entlang der Mittellinie, die du gezeichnet hast, auf. Was passiert? Hast du das Ergebnis vorhergesehen?

Zieh wieder eine Mittellinie entlang der neuen Gürtel und schneide sie noch einmal durch.

Beim Durchtrennen des ersten Gürtels erhältst du zwei normale Gürtel, nur schmaler. Wenn man das Möbiusband zerschneidet, erhält man einen einzigen verschlungenen Streifen, halb so breit und doppelt so lang, der aber diesmal wieder zwei Seiten hat.

18. FEBRUAR

Das unmögliche Dreieck

Sieh dir die Zeichnung des Dreiecks an (Roger Penrose, 1954).
Was stimmt deiner Meinung nach daran nicht?

Ergibt die Zeichnung mehr Sinn, wenn du eine Ecke mit deinem Daumen verdeckst?

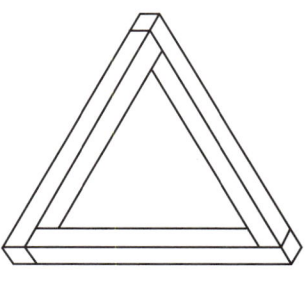

Alle drei Ecken der Figur scheinen im rechten Winkel zu stehen (jeweils zwei rechtwinklig zueinanderstehende Balken). Die gesamte Figur ergibt ein Dreieck. ABER: Ein Dreieck kann nicht DREI rechte Winkel haben. Wenn du eine Ecke abdeckst, scheint die Figur möglich zu sein, sie ist jedoch kein Dreieck mehr.

Kann man das unmögliche Dreieck nachbauen?

19. FEBRUAR

Füg drei Streichhölzer mit Klebepads wie in **Zeichnung a** zusammen.

»Wir werden vom Schein des Rechten getäuscht.«

Horaz
(römischer Dichter)

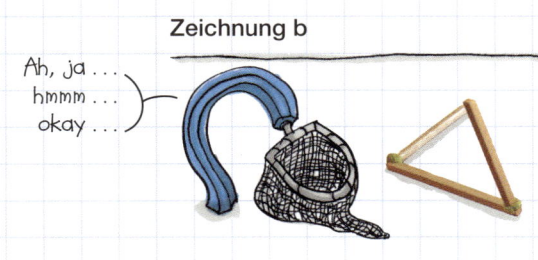

Alles klar, ich hab's begriffen! Jetzt bin ich dran, mein unmögliches Dreieck zu bauen!

Zeichnung a

Schließ ein Auge und such den Blickwinkel – ohne die Streichhölzer zu berühren –, von dem aus du das unmögliche Dreieck sehen kannst.

Zeichnung b

Ah, ja … hmmm … okay …

Zeichnung c

Kann mir mal jemand helfen? Es ist unmöglich, aus diesem Dreieck wieder rauszukommen!

Einige Architekten haben sich von diesen ungewöhnlichen Formen inspirieren lassen:
www.cctv.com/newSiteProgram/en/project_info.htm

20. FEBRUAR

Um das unmögliche Dreieck zu zeichnen ...

... nimmst du einen Bleistift, einen Radiergummi und ein Lineal zur Hand.
Dann folgst du den einzelnen Schritten:

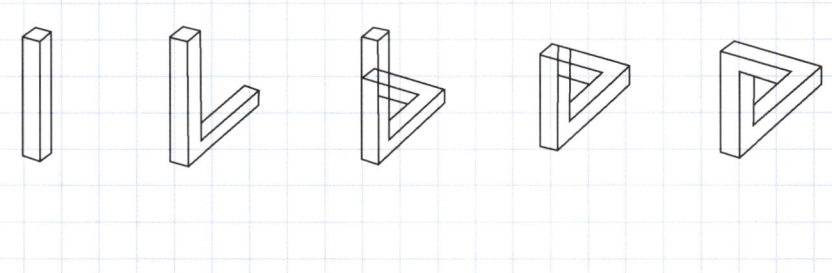

Ich muss mich austoben, solange der Kescher nicht da ist ...

Die Geschichte des unmöglichen Dreiecks

1934 hat sich der schwedische Künstler Oscar Reutersvärd diese spezielle Anordnung von Quadern ausgedacht.

Sie ist der Beginn einer langen Reihe unmöglicher Objekte wie zum Beispiel die Treppe von M. E. Escher, die man nach unten hochsteigt und nach oben hinabgeht!

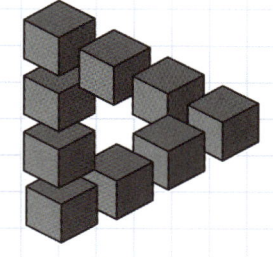

21. FEBRUAR

Denk dir ein paar unmögliche Objekte aus oder such dir Beispiele im Internet.

22. FEBRUAR

Kannst du einen Faden mit einem geschlossenen Auge auffädeln?

Versuch einen Faden durch das Loch einer Büroklammer zu fädeln. Halte dabei die Büroklammer im Profil und schließ ein Auge.

Viel Glück!

Dein Gehirn empfängt von jedem deiner Augen ein leicht unterschiedliches Bild. Es interpretiert dieses Bild und vermittelt dir so einen räumlichen Eindruck.

Eine Riesenhand ...

23. FEBRUAR

Betrachte deine Handrücken. Halte dabei aber deinen rechten Arm weit von dir gestreckt und deinen linken halb angewinkelt.

Schließ nun dein linkes Auge und beweg deine linke Hand langsam auf deine rechte zu, bis sie diese verdeckt.

Was kannst du beobachten?

»Wenn man einen Riesen sieht, so untersuche man erst den Stand der Sonne – und gebe acht, ob es nicht der Schatten eines Pygmäen ist.«

Novalis
(deutscher Schriftsteller, Philosoph und Bergbauingenieur)

Da deine linke Hand näher an deinem Auge ist als deine rechte, erscheint ihr Bild größer. Solange deine Hände voneinander getrennt sind, ignoriert dein Gehirn diese verwirrende Information. Wenn deine linke Hand aber deine rechte zu verdecken beginnt, gewinnt diese Information die Überhand und du »siehst« deine linke Hand riesig.

24. FEBRUAR

»Wenn der Weise auf den Mond zeigt, sieht der Dumme nur den Finger.«

Weisheit aus China

Hast du schon mal eine fliegende Wurst gesehen?

Schau am helllichten Tag aus dem Fenster und konzentrier dich auf einen Gegenstand in der Ferne. Streck deine Hände vor dir aus und richte deine Zeigefinger aufeinander. Führ sie langsam zusammen. Siehst du die Wurst?

Schreib auf, unter welchen Bedingungen du die Illusion am besten siehst.

Damit deine Augen einen Gegenstand dicht vor ihnen gut sehen können, müssen sie sich auf ihn einstellen. In diesem Experiment dringen deine beiden Zeigefinger in dein Sehfeld, während du dich auf einen entfernten Punkt in der Landschaft konzentrierst. Die Interpretation deines Gehirns kann erstaunliche Ergebnisse zur Folge haben.

25. FEBRUAR

Ein Loch in deiner Hand?

Schau am helllichten Tag durch ein Fenster in den Himmel. Halte deine leicht geöffnete rechte Faust vor dein rechtes Auge, sodass du ein kleines »Loch« vom Himmel siehst. Schau mit deinem linken Auge auf deinen linken Handrücken, Arm ausgestreckt. Halte beide Augen offen und führ nun langsam deinen linken immer noch gestreckten Arm nach rechts, bis du ein Loch in deiner Hand siehst.

Notiere deine Beobachtungen.

Wenn deine Augen völlig unterschiedliche Bilder an dein Gehirn senden, muss dieses sich für eines der beiden entscheiden oder, wie in diesem Fall, für eine Überlagerung beider Bilder: deine Hand mit einem Loch darin.

26. FEBRUAR

Besorg dir zwei Masken. Stell sie auf Augenhöhe nebeneinander auf. Dreh die eine aber mit ihrer konkaven, also »ausgehöhlten« Seite zu dir.

Lauf mit ein paar Metern Abstand an den Masken vorbei und behalte sie dabei im Auge.

Was siehst du?

Die konkave Maske scheint deinen Bewegungen zu folgen und sich so zu drehen, dass sie immer in deine Richtung schaut.

Warum?

Immer der Nase nach

Zeichne auf ein Blatt Papier ein großes Gesicht mit Augen und Mund. Anstelle der Nase machst du ein Loch, durch das du – auf dich zu – deinen kleinen Finger steckst. In welche Richtung scheint sich deine Finger-Nase zu bewegen, wenn du deinen Kopf nach links neigst?

Wiederhol das Experiment, zieh diesmal aber deinen Finger wieder heraus, sodass er noch durch das Loch hindurch sichtbar ist.

Was passiert?

27. FEBRUAR

»Wie viele Leute, so viele Meinungen.«

Terenz
(römischer Komödiendichter)

Wenn du dich vor einer normalen Maske nach links bewegst, siehst du ihre Nase näher als ihre Augen. Für dein Gehirn scheint es daher normal, dass sie nach rechts schaut. Bei einer konkaven bzw. hohlen Maske bewegt sich die weiter hinten liegende Nase dagegen kaum und in die falsche Richtung. Dein verwirrtes Gehirn gaukelt dir ein normales Gesicht vor, das sich dir zuwendet.

28. FEBRUAR

Mond- oder Sonnenkalender?

Die Ägypter gaben der Sonne den Vorzug.
Ihr Sonnenjahr besteht aus zwölf Monaten.
Dem griechischen Astronomen Meton fiel auf,
dass 235 Mondmonate 19 Sonnenjahren
entsprechen.

**Wie könnte man deiner Meinung nach
diese beiden Kalender in Einklang bringen?**

Stellen wir uns vor ...

19 Mondjahre haben 12 · 19 = 228 Mondmonate.
Es bleiben also 7 Mondmonate übrig,
die auf die 19 Sonnenjahre verteilt werden müssen,
um die beiden Kalender aufeinander abzustimmen.

Schaltjahr oder nicht, das ist hier die Frage

Die Erde kreist in etwas mehr als 365 Tagen einmal um die Sonne. Um diese Differenz auszugleichen, fügt man alle vier Jahre, im sogenannten Schaltjahr, einen zusätzlichen Tag in den Kalender ein.

Alle Jahre, die man glatt durch vier teilen kann, sind Schaltjahre, die anderen nicht. Ausnahme: Jahre, die sich durch 100 teilen lassen, sind keine Schaltjahre. Ausnahme von der Ausnahme: Jahre, die man durch 400 teilen kann, sind Schaltjahre.

In welchen Jahren zu Beginn des 21. Jahrhunderts haben wir ein Schaltjahr?

»Die Jahre lehren viel, was die Tage niemals wissen.«

Ralph Waldo Emerson
(US-amerikanischer Philosoph und Dichter)

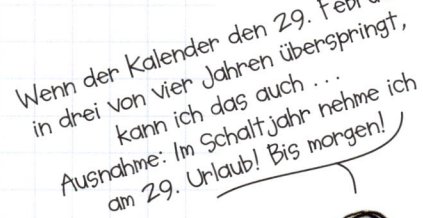

2000 (aufgrund der Ausnahme von der Ausnahme), 2004, 2008, 2012 etc.

MÄRZ

Ein kleines Rätsel zum Monatsanfang

1. MÄRZ

Leg wie auf der Zeichnung vier Quadrate aus Streichhölzern. Nimm ZWEI Streichhölzer weg. Nun leg sie an anderer Stelle wieder an, sodass du eine Figur aus fünf gleichen Quadraten erhältst.

Die Antwort findest du, wenn du zum 1. Februar zurückgehst.

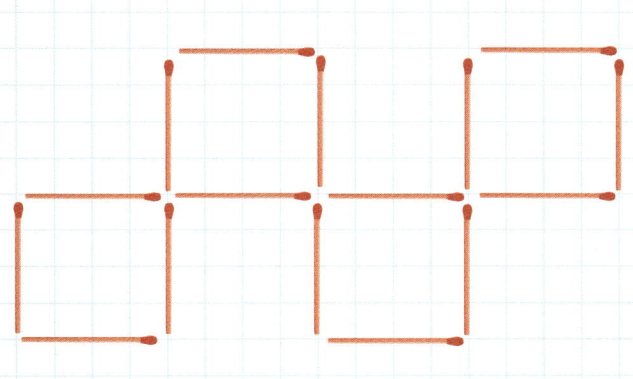

Denk dir noch mehr Streichholzfiguren aus.
Du kannst auch im Internet nachsehen.
Zum Beispiel hier:
*www.quizfragen4kids.de/
figuren-sinnes-bilderraetsel/
streichholz-spiele-raetsel-2.html*

2. MÄRZ

Kopf oder Zahl?

Leg eine Spielkarte auf ein leeres Glas.
Darauf platzierst du ein Centstück.
Schnips die Karte mit dem Finger weg.
Erst leicht, dann stark.
Was macht das Geldstück?

Notiere deine Beobachtungen.

»Der Tropfen höhlt den Stein nicht durch Kraft, sondern durch stetes Fallen.«

lateinisches Sprichwort

Ist dein Fingerschnipser stark genug, fliegt das Geldstück aufgrund seiner Trägheit nicht mit der Karte davon, sondern fällt ins Glas. Rutscht die Karte langsam vom Glas, reicht die Reibung wahrscheinlich aus, um das Geldstück in der Bewegung mit sich fortzutragen.

Wirst du sie schlucken?

Eine Fliege fällt genau vor deinem Mund
in dein volles Wasserglas.
Du drehst das Glas, damit du die Fliege
nicht schlucken musst.
Funktioniert es?

Schreib deine Beobachtungen auf.

3. MÄRZ

»Aus einer Mücke
einen Elefanten
machen.«

deutsche
Redensart

Nein! Wieder das Problem mit der Trägheit – diesmal mit der Trägheit
des Wassers. Du drehst das Glas, aber zwischen dem Wasser
und der Glaswand besteht nicht genug Kohäsion (Zusammenhalt),
damit das Wasser sich mitdreht und damit auch die Fliege.

4. MÄRZ

Wie erkennt man den Unterschied zwischen einem hart gekochten und einem rohen Ei?

Lass beide auf einem Tisch kreisen.
Fällt dir was auf?

Notiere deine Beobachtungen.

»Das weiß ein jeder, wer's auch sei, gesund und stärkend ist das Ei.«

Wilhelm Busch
(deutscher Dichter und Zeichner)

Das hart gekochte Ei dreht sich schneller und länger, weil es ein fester Körper ist. Die Schale des rohen Eis beherbergt eine zähflüssige Masse, die seine Drehbewegung abbremst. Das ungekochte Ei wird daher rasch langsamer.

Erste chemische Reaktion des Jahres!

5. MÄRZ

In ein mit Essig gefülltes Glas tauchst du vorsichtig ein rohes Ei, ohne seine Schale zu beschädigen.
Beobachte es einen Moment.
Sieh dann morgen wieder nach und dann übermorgen . . .

Schreib deine Beobachtungen auf.

Essig ist eine Säure. Nach und nach greift sie die harte Schale an.
Du kannst beobachten, wie sich die Schale in Form von
kleinen Kohlensäure-Bläschen auflöst. Nach ein paar Tagen
ist nur noch eine dünne Haut um das Ei herum übrig.

Woher kommen all diese Bläschen?

Schütte Sprudelwasser in ein Glas.
Füg dann eine Prise Salz oder Zucker hinzu.

Was passiert?

6. MÄRZ

»Eine Blase voll Luft fürchtet spitze Nadeln.«

sorbisches Sprichwort

Bei der Herstellung von Sprudel wird Kohlensäure unter Druck in die Wasserflasche gepresst. In der geschlossenen Flasche bildet sie winzige, unsichtbare Bläschen. Aber in jedem Winkel der Glasflasche oder an der Oberfläche des Zucker- oder Salzkorns kann sich die Kohlensäure sammeln, wachsen und an die Oberfläche steigen. Das sind die Bläschen, die du siehst.

Tanz der Rosinen

7. MÄRZ

Schütte Sprudelwasser in ein Glas und leg ein paar Rosinen hinein. Schwimmen sie? Gehen sie unter?

Notiere deine Beobachtungen.

Rosinen haben eine größere Dichte als Wasser und gehen zunächst einmal unter. An ihrer runzeligen Oberfläche können sich Kohlensäurebläschen bilden. Die Bläschen geben den Rosinen »Auftrieb« und tragen sie an die Oberfläche, wo die Bläschen zerplatzen. Die Rosinen gehen wieder unter und der Tanz beginnt von Neuem.

8. MÄRZ

Die Kohlensäurefabrik

Nimm einen Luftballon und schütte ein Päckchen Backpulver hinein. Gieß ein wenig Essig in eine kleine Plastikflasche, befestige den Luftballon über dem Flaschenhals und kipp das Backpulver in den Essig.

Was passiert?

»Wandlung ist notwendig wie die Erneuerung der Blätter im Frühling.«

Vincent van Gogh
(niederländischer Maler)

Ein Bestandteil des Backpulvers reagiert mit dem Essig. Dabei entsteht Kohlendioxid, das die Flasche füllt und den Ballon aufbläst. Heb diesen Versuch bis morgen auf.

Fließendes Gas!

9. MÄRZ

Stell eine kleine Kerze (zum Beispiel ein Teelicht) in ein Glas und zünde sie an. Gieß nun langsam, als wäre es eine Flüssigkeit, das Kohlendioxid aus der kleinen Flasche von gestern hinein.

Schreibe deine Beobachtungen auf.

»Besser ist es, Licht anzuzünden, als auf die Dunkelheit zu schimpfen.«

Laotse
(chinesischer Philosoph)

Kohlendioxid ist schwerer als Luft.
Sie fließt in das Glas und die Kerze erlischt,
weil sie keinen Sauerstoff mehr bekommt.

10. MÄRZ

Auch ohne Essig kann man Kuchen backen

Schütte ein wenig warmes Wasser in eine kleine Flasche, sodass der Boden bedeckt ist. Füg ein Päckchen Backpulver hinzu und schließ die Flasche mit einem Luftballon. Hab ein wenig Geduld.

Was kannst du beobachten?

Backpulver besteht aus mehreren Bestandteilen, die Kohlensäure fabrizieren, wenn sie mit Wasser vermischt werden und so den Kuchen aufgehen lassen.

11. MÄRZ

Der Küchenlehrling

Such dir ein Rezept heraus, zu dem man Backpulver braucht, und leg los. Hat's geschmeckt?

Berichte über deine Erfahrungen.

»Die Entdeckung eines neuen Gerichtes macht die Menschheit glücklicher als die Entdeckung eines neuen Sterns.«

Jean Anthelme Brillat-Savarin (französischer Schriftsteller, Philosoph und Gastronomiekritiker)

12. MÄRZ

»Der Appetit kommt beim Essen; der Durst schwindet beim Trinken.«

François Rabelais
(französischer Schriftsteller, Arzt und Humanist)

Bringen wir Ordnung in die Geschmäcker

Sortier den Geschmack von ein paar dir bekannten Hauptnahrungsmitteln in vier Spalten mit den folgenden Überschriften:

süß, salzig, bitter und sauer.

Es wurden auch schon andere Geschmacksrichtungen vorgeschlagen: herzhaft (»umami« im Japanischen), seifig, metallisch ...

Wo befinden sich die Geschmacksrezeptoren?

13. MÄRZ

Leg einige Salzkörner hinten auf deinen Gaumen, dann ins Innere deiner Wangen. Leg sie schließlich hinten auf deine Zunge, dann auf die Zungenränder und zum Schluss auf die Zungenspitze. Mach dasselbe mit ein paar Zuckerkörnern, dann einem Tropfen Essig.

Schreibe deine Schlussfolgerungen auf.

»Sauer, süß, bitter, scharf, alles muss probiert werden.«

chinesisches Sprichwort

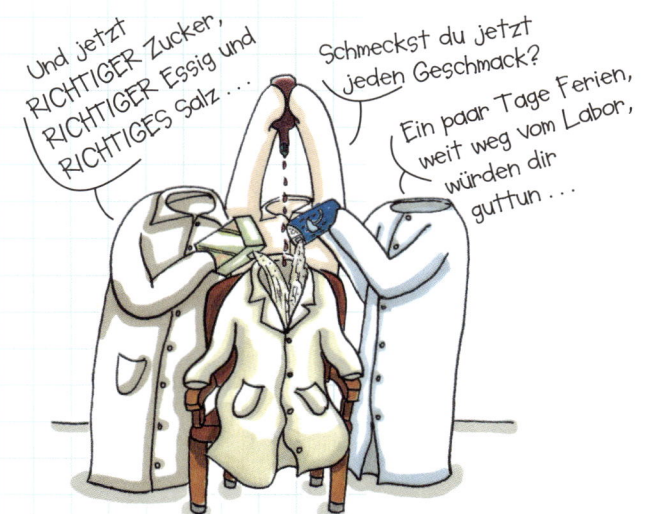

Deine Zungenspitze ist auf Süß und Salzig spezialisiert, die Ränder entdecken eher Saures und der hintere Teil deiner Zunge schmeckt vor allem Bitteres.

14. MÄRZ

Blinde und geruchslose Kostprobe

Schneide einen roten Apfel und eine Zwiebel in kleine Stücke. Verbinde deinen Freunden die Augen und bitte sie, ihre Nasen zuzuhalten. Dann gibst du ihnen von beidem zu probieren.

Stellen sie den Unterschied fest?

Hast du eine gute Nase?

15. MÄRZ

Bitte einen Freund oder eine Freundin, einen riechenden Gegenstand (ein Stück Knoblauch oder eine Zwiebel etc.) in deinem Zimmer zu verstecken, und versuch ihn zu finden.

Beschreibe, wie du vorgehst.

Schließ die Fenster, um den Geruch nicht entweichen zu lassen.
Schnupper in der Luft, damit die Geruchsmoleküle bis in
die hintere sensible Region der Nase vordringen können ...

16. MÄRZ

Über die Nützlichkeit eines Stecknadelkopfes

Stich eine Stecknadel von unten in einen Korken und zwei Gabeln auf gleicher Höhe zu beiden Seiten längs ein. Kannst du das Gebilde im Gleichgewicht halten, wenn du den Kopf der Stecknadel auf deinem Finger balancierst?

Notiere deine Beobachtungen.

Die Stabilität des Ganzen wird durch das Gewicht der Gabeln gesichert, die den Schwerpunkt unter den Stecknadelkopf verlagern. Wiederhol das Experiment, indem du die Gabeln waagerechter oder weiter nach oben steckst.

Wie balanciert man einen Besen auf einem Finger?

17. MÄRZ

Leg den Besenstiel waagerecht auf deine Zeigefinger.
Halte dabei ausreichend Abstand zwischen ihnen.
Beweg die Finger langsam aufeinander zu.
Wenn sie sich berühren, nimm einen weg und versuch,
den Besen auf einem Finger im Gleichgewicht zu halten.

Funktioniert's? Für wie lange?

»Neue Besen kehren gut, die alten kennen die Winkel.«

deutscher Volksmund

Wenn du deine beiden Finger aneinanderführst, liegt auf demjenigen, der sich am leichtesten bewegen lässt, das geringste Gewicht des Besens. Schnell bewegen sich beide Finger auf dasselbe Ziel zu, den Schwerpunkt des Besens.

18. MÄRZ

So baut man einen Kreisel

Schneide aus dickem Pappkarton eine runde Scheibe von etwa 5 cm Durchmesser aus.
Stich einen kleinen, gut gespitzten Bleistift ein Stückchen durch die Mitte der Scheibe hindurch. Setz die Bleistiftspitze auf den Boden und dreh den Kreisel.

Beschreib die Kreiselbewegungen.

Nicht nur die Scheibe des Kreisels dreht sich. Auch seine Achse dreht sich, und zwar immer um die Senkrechte der Figur. Dafür sorgt das Gewicht des Kreisels.
(Diese Bewegung nennt man »Präzession«.)

Warum ist die Erde an den Polen abgeflacht und am Äquator eher wulstig?

19. MÄRZ

Schneide aus Pappe zwei Streifen von etwa 30 cm Länge und 2 cm Breite aus. Leg sie kreuzförmig übereinander und kleb sie in der Mitte zusammen. Das ist der »Südpol«. Führ die vier verbleibenden Enden am »Nordpol« zusammen und klebe sie fest. Stich einen gut gespitzten Bleistift einige Zentimter weit durch den Südpol hindurch und dreh ihn zwischen deinen Handflächen, um die Drehung der Erde zu simulieren.

Notiere deine Beobachtungen.

Durch ihre Drehbewegung hat sich die Erde an den Polen leicht abgeflacht. Der Erdumfang am Äquator ist etwa 70 km größer als der Umfang von Pol zu Pol.

20. MÄRZ

Warum ändert sich im Laufe des Jahres die Länge von Tag und Nacht?

Form aus Knete eine Kugel, die Erde. Als Rotationsachse stichst du einen Zahnstocher durch sie hindurch. Beleuchte die Erde nun von der Seite und drehe sie dabei um ihre Achse. Wie muss die Achse liegen, damit Tag und Nacht gleich lang sind?

Fertige eine Skizze von deinem Versuch an.

Damit Tag und Nacht wie heute zur Tagundnachtgleiche gleich lang sin muss die Rotationsachse im rechten Winkel zur Sonne stehen. Ansonsten kannst du die Achse seitlich beliebig hin und her neigen. Tag und Nacht bleiben trotzdem gleich lang.

Der Wechsel der Jahreszeiten

21. MÄRZ

Halte die Erde, die du gestern aus Knete geformt hast, neben eine Kerze, die Sonne. Und zwar in derselben Position wie gestern: mit der Achse aufrecht in der Vertikalen und die Spitze des Zahnstochers leicht zu dir geneigt. Du befindest dich in der Frühjahrs-Tagundnachtgleiche.

Dreh die Erde nun um die Sonne, ohne die Lage der Achse zu verändern. Nach drei Monaten befindet sie sich rechts von der Kerze, ihre Achse zur Sonne geneigt.*

Durchlaufe auf diese Art und Weise das gesamte Jahr und erkläre dabei die Dauer von Tag und Nacht.

* Das ist die Sommersonnenwende, an der auf der nördlichen Erdhalbkugel die Tage länger als die Nächte sind. Auf der südlichen Erdhalbkugel ist es genau umgekehrt.

Durch die Neigung der Rotationsachse lässt sich der Wechsel der Jahreszeiten erklären.

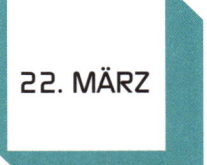

22. MÄRZ

Eine Knospe blüht auf

Zeichne eine Blume mit einem großen Herzstück und vier großen Blütenblättern auf ein Blatt Papier.

Schneide sie aus und rolle jedes Blütenblatt stramm und fest zur Mitte hin. Leg deine Knospe in eine mit Wasser gefüllte Schüssel.

Schreib deine Beobachtungen auf.

Das feuchte Papier verliert seine Festigkeit und die Blüte öffnet sich.

Lassen sich die Farben der Natur verändern?

23. MÄRZ

Stell eine weiße Blume oder einen Stängel Sellerie in gefärbtes Wasser (tunk zum Beispiel einen Filzstift hinein). Hab ein wenig Geduld, es kann länger als einen Tag dauern.

Notiere deine Beobachtungen.

»Die Blumen des Frühlings sind die Träume des Winters.«

Khalil Gibran
(libanesisch-amerikanischer Dichter und Philosoph)

Das Wasser steigt durch kleinste Gefäße in den Stängel, die Blätter oder die Blüte hinauf (Kapillarwirkung). Genauso wie gestern bei den Papierfasern. Die Blüte oder die Sellerieblätter nehmen die Farbe des Wassers an.

24. MÄRZ

Kannst du die Farbe einer Karotte annehmen?

Welche Faktoren bestimmen die Hautfarbe eines Menschen?

Fass das Ergebnis deiner Nachforschungen zusammen.

Die Menge des Pigments Melanin bestimmt die menschliche Hautfarbe von Weiß bis Dunkelbraun. Durch Sonneneinstrahlung erhöht sich diese Pigmentmenge. Und wenn du helle Haut hast, kann dir auch Karotin, das Pigment der Karotte, beim Bräunen helfen.

Bau deinen eigenen Pulsmesser

25. MÄRZ

Forme eine kleine Kugel aus Klebepads und steck einen Zahnstocher aus Holz hinein.

Leg deinen Unterarm auf einen Tisch und suche auf deinem Handgelenk nach deinem Pulsschlag.

Leg deinen Pulsmesser auf die Arterie und zähl die Schläge.

Wie viele Schläge zählst du pro Minute?

Genial! Das sieht aus wie ein Schwert!

Einer für alle und alle für einen!

Psst! Blättert um, ihr drei Musketiere!

Bei einem Kind schlägt der Puls zwischen 90- und 120-mal die Minute, bei einem Erwachsenen etwa 70-mal. Wenn du dich gerade angestrengt oder Fieber hast, schlägt dein Puls schneller.

26. MÄRZ

Zitterpartie

Bieg drei Büroklammern leicht auseinander und setz sie rittlings auf eine stumpfe Messerklinge.

Halte das Messer ausgestreckt an seinem Griff, sodass die Enden der Büroklammern gerade so die Tischplatte berühren.

Schaffst du es, die Büroklammern ruhig zu halten?

Wie schafft man es, im Winter nicht zu zittern?

Wenn ein Muskel im Einsatz ist, gibt es immer Muskelfasern, die sich anspannen, und andere, die sich entspannen. Daher kann man niemals völlig unbeweglich verharren.

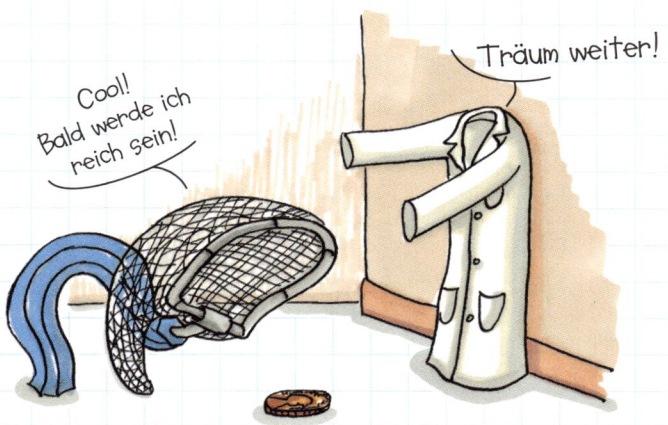

Stell dich mit dem Rücken an die Wand, Fersen am Sockel. Kannst du ein etwa 70 cm von dir entferntes Geldstück aufheben, ohne deine Füße zu bewegen?

Zeichne auf, was passiert.

Bei jeder deiner Bewegungen muss sich dein Körper verlagern, um im Gleichgewicht zu bleiben.
In diesem Beispiel hindert ihn die Wand daran.

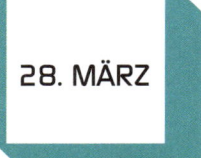

28. MÄRZ

Folg der Diagonalen

Schneide aus Pappe zwei gleich große Dreiecke mit einer Seitenlänge von 6 cm auf 8 cm aus. Schneide sie in ihrer Diagonalen auseinander.

Jetzt hast du vier gleich große Dreiecke. Leg sie ins Innere dieses 10 cm großen Quadrates, ohne dass sie sich überschneiden.

Klappt's? Oder fehlt dir ein kleines Stück, um dein Puzzle zu vervollständigen?

Da stand: »ein Quadrat von zehn ZENTIMETERN«, nicht zehn Millimeter!

Du musst noch ein kleines Quadrat mit einer Seitenlänge von 2 cm aus der Pappe ausschneiden, damit das große Quadrat vollständig bedeckt ist.

Neue Deko

29. MÄRZ

Ordne deine vier Dreiecke und das
kleine Quadrat jetzt so an, dass sie zusammen
zwei sich berührende Quadrate bilden.
Eines mit einer Seitenlänge von 6 cm,
das andere mit einer Seitenlänge von 8 cm.

Funktioniert's?

Die Antwort folgt morgen ...

30. MÄRZ

Der Flächeninhalt bleibt derselbe!

Beide Figuren, die du mit den Formen aus Pappe gelegt hast, haben denselben Flächeninhalt.

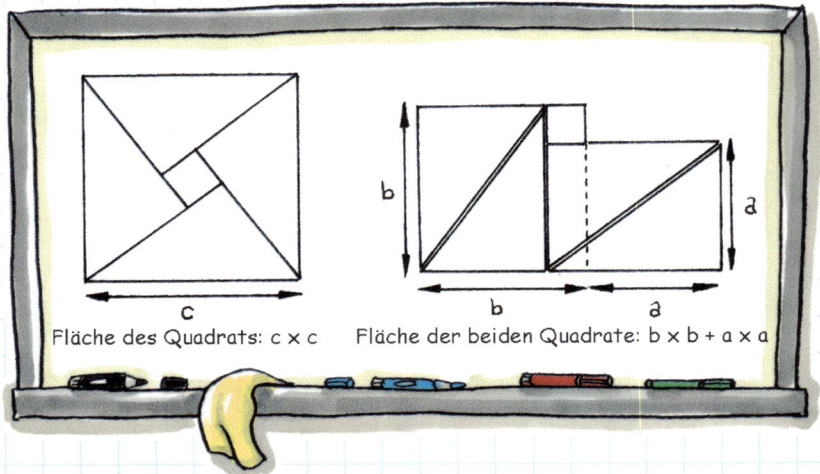

»... Mach dir keine Sorgen wegen deiner Schwierigkeiten mit der Mathematik. Ich kann dir versichern, dass meine noch größer sind.«

Albert Einstein
(deutscher Physiker)

Flächeninhalt Quadrat:
$c \cdot c$

Flächeninhalt der beiden Quadrate:
$b \cdot b + a \cdot a$

Du hast einen der Beweise für den Satz des Pythagoras gefunden.
Jedes rechtwinklige Dreieck mit den Seiten a, b und c
unterliegt der Regel: $a^2 + b^2 = c^2$.

Die Schnur mit den 13 Knoten

31. MÄRZ

Verteil auf einer Schnur 13 kleine Kugeln aus Klebepads in regelmäßigen Abständen (etwa 3 cm).

Kleb auf einem Blatt Papier die Kugeln Nummer 4 und Nummer 9 fest. Spann dabei die Schnur zwischen ihnen sorgfältig.

Führ die beiden Enden der Schnur zusammen, indem du Kugeln Nummer 1 und 13 zusammenklebst. Spann vorsichtig die so erhaltene Figur.

Erkennst du sie wieder?

»Mit einem brüchigen Seil sollte man nicht in den Brunnen steigen.«

Sprichwort aus der Türkei

Diese Schnur wurde von Vermessern im Mittelalter benutzt. Mit ihrer Hilfe konnten sie auch ohne Winkelmaß einen rechten Winkel konstruieren: Die zwölf Abschnitte der Schnur formen ein Dreieck im Längenverhältnis 3:4:5, also ein rechtwinkeliges Dreieck.

Aprilscherz

1. APRIL

In der Schule hat jemand als Aprilscherz mehreren Kindern unbeobachtet einen Fisch aus Papier auf den Rücken geklebt. Alice, Bob und Luisa sollen raten, ob auf ihrem Rücken ein Fisch klebt oder nicht. Sie wissen, dass zumindest einer von ihnen einen Fisch auf dem Rücken hat. Alice kann die Frage nicht beantworten. Auch Bob hat keine Ahnung. »Wenn das so ist«, sagt Luisa, »dann weiß ich die Antwort.«

Wie lautet ihre Antwort und wie ist sie darauf gekommen?

Also, wer hat einen Kittel an seinem Rücken hängen?

Da Alice als Erste befragt wurde, kann sie nur dann mit Bestimmtheit sagen, dass ein Fisch auf ihrem Rücken klebt, wenn sie keinen auf den Rücken von Bob und Luisa sieht. Da sie die Frage nicht beantworten kann, muss sie also einen Fisch auf dem Rücken von Bob oder auf dem Rücken von Luisa oder auf beiden Rücken entdeckt haben. Bob, der als Zweiter befragt wird, kann nur dann sicher sein, dass sich ein Fisch auf seinem Rücken befindet, wenn er keinen auf Luisas Rücken sieht. Da er nichts sagt, kann Luisa daraus schließen, dass auf ihrem Rücken ein Fisch klebt.

2. APRIL

Wo spielt Reibung in deinem täglichen Leben eine Rolle?

Dein Schuh reibt gegen den Boden und das ermöglicht es dir, dich fortzubewegen. Das Wasser im Glas bremst den Löffel, der darin rührt ...

Finde weitere Beispiele.

Strümpfe halten durch Reibung an deinen Beinen, eine Schnur, die fest verknotet ist, lässt sich nur schwer wieder lösen, die Luft bremst deinen Körper ab ...

3. APRIL

Ist Reibung gleich Abnutzung?

Wenn zwei feste Gegenstände aneinander entlangreiben, dann nutzt sich der festere von ihnen weniger stark ab.

Finde Beispiele.

Die Bleistiftspitze auf Papier; der Reifen, der auf der Straße bremst; die Säge, die einen festen Gegenstand durchtrennt; die Bürste, die Kleidung schrubbt; der Bimsstein, der die Haut säubert ...

4. APRIL

Zauberpapier

Reib ein Plastiklineal an einem Pulli oder an deinen Haaren. Halte es dann in die Nähe von kleinen, leichten Papierfetzen.

Notiere deine Beobachtungen.

»Wenn es einen Glauben gibt, der Berge versetzen kann, so ist es der Glaube an die eigene Kraft.«

Marie von Ebner-Eschenbach
(österreichische Schriftstellerin)

Durch die Reibung hat das Lineal dem Stoff oder deinen Haaren Elektronen entrissen. Da sie negativ geladen sind, ziehen sie die positiv geladenen Teile der Papierfetzen an und schaffen es sogar, sie hochzuheben.

Kann man Elektronen festkleben?

5. APRIL

Kleb zwei Streifen Klebeband (z. B. Tesafilm) auf einen Tisch und lass jeden ein kleines Stück überstehen. Reiß sie schnell ab und halte sie dicht gegeneinander.

Was passiert?

Jeder der beiden Klebestreifen hat dem Tisch Elektronen entrissen.
Da beide negativ aufgeladen sind, stoßen sie sich ab.

6. APRIL

Der Zauberstab

Lade ein Plastiklineal durch Reibung auf und halte es dicht an einen schwachen Wasserstrahl aus dem Wasserhahn.

Schreib deine Beobachtungen auf.

Der Wasserstrahl wird von dem Lineal angezogen. Wenn sich das negativ geladene Lineal nähert, drehen sich die Wassermoleküle so, dass sie ihm ihre positiv geladene Seite zuwenden und dadurch angezogen werden. Der Wasserstrahl wird abgelenkt.

Schwache Ladung, starke Ladung.
Wie lässt sich das messen?

7. APRIL

Schneide zwei Streifen aus Aluminiumfolie aus (1 cm x 10 cm).

Häng die Alustreifen an die Enden einer aufgebogenen Büroklammer (siehe Bild). So baust du dir ein Elektrometer.

Lade das Elektrometer auf, indem du jeden Streifen mehrmals mit dem aufgeladenen Plastiklineal berührst.

Was passiert?

Die Metallstreifen und die Büroklammer bilden einen einzigen Leiter, auf dem sich die vom Lineal übertragenen Elektronen verteilen. Je stärker die Streifen aufgeladen werden, desto mehr stoßen sie sich gegenseitig ab.

8. APRIL

Ein Magnet lässt einen anderen entstehen

Nimm einen Magneten (z. B. von eurer Kühlschranktür) und such nach Dingen in deiner Umgebung, die er anzieht (Büroklammern, Stecknadeln, Schrauben …).

Was haben sie gemeinsam? Beweise, dass sie sich auch untereinander anziehen, sobald sie magnetisiert wurden.

Schreibe deine Beobachtungen auf.

Ein Magnet zieht Gegenstände an, die Eisen enthalten. Jedes in diesen Gegenständen enthaltene Eisenatom ist ein »Mikro-Magnet«. Allerdings zeigen sie in beliebige Richtungen. Dein Kühlschrankmagnet zieht sie an und richtet sie aus. Und plötzlich sind sie selbst zu Magneten geworden.

Bau dir einen Kompass

9. APRIL

Binde einen dünnen Faden in der Mitte einer Büroklammer fest. Magnetisier die Büroklammer, indem du sie auf einen Magneten legst.
Dann heb sie am Faden hoch und warte, bis sie sich ausbalanciert hat.

Hast du Norden gefunden?

»Wie man nach Norden weiterkommt, da nehmen Ruß und Hexen zu.«

Johann Wolfgang von Goethe
(deutscher Dichter)

Die magnetisierte Büroklammer ist zur Kompassnadel geworden.
Sie richtet sich am Magnetfeld der Erde aus.

10. APRIL

Mit Batterie, leicht wie nie:

Nimm die Glühbirne aus einer Taschenlampe und versuch sie an eine Batterie anzuschließen.

Wie machst du das?

»Und Gott sprach: Es werde Licht! Und es ward Licht.«

die Bibel,
Genesis 1 Vers 1–3

Indem du einen Streifen aus Alufolie benutzt.
Der Strom zirkuliert von einem Pol zum anderen und fließt dabei durch die Glühbirne.

Wer hat freie Elektronen?

11. APRIL

Schließ an deinen Stromkreislauf von gestern nacheinander weitere Gegenstände an und prüf, ob sie Elektrizität leiten (Geldstück, Bleistiftmine, Radiergummi etc.). Fließt der Strom immer noch?

Ordne hier ein:

guter Leiter	schlechter Leiter (Isolator)

»Den Elektriker fasst der Strom nicht an.«

polnisches Sprichwort

**Metalle haben freie Elektronen und leiten Strom.
Andere Materialien sind normalerweise Isolatoren.**

12. APRIL

»Mit der Stirn kann man eine Wand nicht durchstoßen.«

Sprichwort aus Russland

Heißer Kurzschluss!

Knick einen 15 cm langen und 3 cm breiten Alufolienstreifen in der Mitte, um einen elektrischen Leiter herzustellen. Leg die Enden des Streifens jeweils an einen Pol der Batterie. Aber Vorsicht: nicht zu lange. Es wird heiß!

Was passiert?

Die vielen Elektronen, die durch den Streifen fließen, stoßen mit den Atomen des Aluminiums zusammen und heizen sich auf!

Ein historisches Experiment, das wir dem Zufall verdanken

13. APRIL

Wiederhol das Kurzschluss-Experiment von gestern. Leg diesmal aber deinen selbst angefertigten Kompass vom 9. April daneben.

Was macht die Kompassnadel (ganz kurz, gut hinschauen!), während der Strom fließt?

Welche Schlussfolgerung kannst du daraus ziehen?

Als H. C. Oersted 1820 Strom durch einen Draht fließen ließ, fiel ihm auf, dass die Nadel seines Kompasses, den er auf dem Tisch vergessen hatte, die Richtung änderte. Ein magnetisches Kraftfeld entsteht also durch Elektrizität! Auch das Magnetfeld im Herzen der Erde, an dem sich Kompasse ausrichten, wird durch Elektrizität hervorgerufen.

Hier erfährst du mehr: www.leifiphysik.de/web_ph08_g8/geschichte/13elektrifizierung/oersted/oersted1.htm

14. APRIL

Wie werden Entdeckungen gemacht?

Zufällig? Das ist selten, aber es kommt vor.

Erzähl von einer zufälligen Entdeckung, die du oder jemand, den du kennst, gemacht hat. Sie kann auch gerne erfunden sein.

»Es steckt oft mehr Geist und Scharfsinn in einem Irrtum als in einer Entdeckung.«

Joseph Joubert
(französischer Schriftsteller)

Als Alexander Fleming (1881–1955) aus den Ferien zurückkommt, stellt er fest, dass die Schälchen, in denen er Bakterien gezüchtet hat, von einem weißlichen Schimmel überzogen sind. Als er sie sich unter dem Mikroskop näher anschaut, entdeckt er winzige Pilze, um die herum die Bakterien sich nicht vermehrt haben: Das Penizillin ist entdeckt.

In der Nacht vom 14. auf den 15. April 1912 versinkt die Titanic im Meer.

Fass die Ursachen dieser Katastrophe zusammen und finde heraus, dank welcher Erfindungen solch ein Unglück heute eher unwahrscheinlich ist.

Sonar (Ultraschallbilder, durch die man Eisberge frühzeitig entdecken kann), leistungsstarke Telekommunikation, Fortschritt im Schiffsbau und in den verwendeten Materialien …

16. APRIL

Was schmilzt schneller?
Ein Eisberg in Süß- oder
in Salzwasser?

Füll zwei Gläser mit Wasser aus dem Wasserhahn.
In eines gibst du einen Löffel Salz. Dann legst du
in beide jeweils einen gleich großen Eiswürfel.
Welcher schmilzt zuerst?

Schreibe deine Beobachtungen auf.

Beim Schmelzen verwandeln sich die Eiswürfel in eiskaltes
flüssiges Wasser; dichter als das Wasser aus dem Wasserhahn,
aber weniger dicht als Salzwasser. In dem Glas mit dem Salz
bleibt dieses eiskalte Wasser an der Oberfläche und umgibt
den Eiswürfel, der dadurch weniger schnell schmilzt
als der im anderen Glas.

»Warum ist das Meer salzig, obwohl es von Süßwasser aus den Flüssen gespeist wird? – Wegen der Salzheringe darin.«

Alphonse Allais

Was hältst du von dieser Antwort? Findest du andere Gründe?

Auf ihrem Weg ins Meer waschen die Flüsse Mineralsalze aus und nehmen sie mit. Da nur Süßwasser aus dem Meer verdampft, bleiben die Salze im Meer zurück. Durchschnittlich enthält das Meer 40 g Salz pro Liter (das Tote Meer sogar 250 g pro Liter!).

18. APRIL

Warum machen Flüsse so viele Kurven?

Leg Teeblätter in eine Tasse und
schütte heißes Wasser über sie.
Verrühr das Ganze kurz
mit einem Löffel.

Beobachte den Weg der Blätter.

»Auch wenn der Fluss noch so viele Windungen hat, wird er letztendlich doch ins Meer fließen.«

indisches Sprichwort

Achtung! Die Natur spielt uns gerne Streiche.

Die Bewegung deines Löffels hat eine Tiefenströmung hervorgerufen, durch die sich die Blätter in der Mitte der Tasse versammeln. Genauso entstehen bei einem kurvenreichen Fluss Tiefenströmungen, die Sedimente von den äußeren Ufern wegspülen und in die Mitte des Flussbetts tragen.
Die Flusswindungen werden so immer deutlicher herausgeformt.

Kennst du einen Fluss in deiner Nähe?

Woher kommt er? Wohin fließt er?

Erzähl seine Geschichte.

19. APRIL

»Denn wer schwimmen will, muss zu den Flüssen gehen.«

Isaac Newton
(englischer Naturforscher)

20. APRIL

Um eine Kartoffel zu falten …

… füllst du zwei Gläser mit Wasser. In das erste gibst du außerdem einen Löffel Salz. Leg in jedes Glas eine Kartoffelscheibe. Versuch, nach einer halben Stunde die Kartoffelscheibe zu falten.

Notiere deine Beobachtungen.

»Ich beuge mich, aber ich breche nicht.«

Jean de La Fontaine
(französischer Schriftsteller)

Die in Salzwasser eingelegte Kartoffelscheibe ist weich geworden, da sie einen Teil ihres Wassers verloren hat. Dieses Wasser der Kartoffel, das salzärmer ist als das gesalzene Wasser im Glas, ist spontan ausgetreten, um sich mit dem Salzwasser zu vermengen. Dieses Phänomen nennt man Osmose.

Wie kann man Meerwasser entsalzen?

Informier dich und fass die Möglichkeiten zusammen.

21. APRIL

»Das Meer rühmt sich nicht für sein Salz.«

kreolisches Sprichwort

Man kann Meerwasser filtern, indem man das Wasser durch starken Druck aus dem Salzwasserreservoir (dem Meer) in ein Süßwasserbecken zwingt. Dieses Verfahren bezeichnet man als Umkehrosmose. Oder man macht es wie die Sonne und destilliert das Meerwasser: erst erhitzen (nur das Süßwasser verdampft), dann die Tropfen des Dampfs auffangen (Kondensation).

So »entschrumpelt« man Trockenfrüchte

22. APRIL

Leg ein paar getrocknete Früchte in ein Glas mit Wasser. Kannst du erklären, was passiert?

Danke schön! Keine Falten mehr!

Einige kommen mit dem Älterwerden nicht klar.

Ahhh!

Das Wasser dringt durch Osmose in die Trockenfrüchte und bläht sie auf. Dadurch verschwinden ihre Falten fast vollständig.

Tauch für eine Weile in der Badewanne ab und betrachte deine Finger:

23. APRIL

Warum werden sie runzelig?
Und warum bekommt die Haut Falten,
wenn man älter wird?

Versuch diese Phänomene zu erklären.

In der Badewanne hat sich deine im Wasser eingeweichte
Haut ausgedehnt. Wird sie größer als die Oberfläche,
die sie bedecken soll, dann wirft sie Falten.
Wenn man älter wird, verliert die Haut an Elastizität.
Die Haut dehnt sich aus und wird faltig.

24. APRIL

Wie entstehen Berge?

Leg ein Dutzend Küchentücher auf einen Teller.
Falte deine Konstruktion in der Mitte und befeuchte sie.
Nun schiebst du den nassen Haufen Papier mit den
Händen von beiden Seiten zur Mitte hin zusammen.

Zeichne die Berge und Täler, die du geschaffen hast.

Die Erdkruste setzt sich aus riesigen Platten zusammen,
unter deren enormem Druck Falten entstanden sind.

25. APRIL

Alles oder nichts

Nimm ein Blatt Zeitungspapier und falte es in der Mitte. Falte es dann wieder in der Mitte, dann noch mal und so weiter.

**Wie viele Male hast du es falten können?
Zähl die Schichten Blätter, die du nach sechsmal Falten erhältst. Und nach siebenmal?**

$2 \cdot 2 \cdot 2 \cdot 2 \cdot 2 \cdot 2 \cdot 2 = 128$ Blätter nach siebenmal falten.
Mehr wird schwierig. Die Erdkruste zu falten,
ist keine einfache Sache. So etwas passiert nur,
wenn zwei Kontinentalplatten aufeinanderprallen.

26. APRIL

Zähl deine Vorfahren

Schreibe deinen Namen ganz unten auf die Seite.
Schreibe in die darüberliegende Zeile die Namen deiner
Eltern, dann eine Zeile höher die Namen ihrer Eltern.
So kannst du mehrere Generationen zurückgehen.

Wie viele Urgroßeltern hast du?
Wie viele Ururgroßeltern?

Jedes Mal, wenn du eine Generation zurückgehst,
verdoppelst du die Namen deiner Vorfahren:
2 Eltern; 2·2 = 4 Großeltern;
4·2 = 8 Urgroßeltern;
8·2 = 16 Ururgroßeltern ...

Die Vorfahren der Biene

27. APRIL

In einem Bienenstock haben die Männchen nur eine Mutter, die Weibchen eine Mutter und einen Vater.

Geh von einem Männchen (M) aus und beginne ganz unten auf der Seite. In die Zeile über dem Männchen schreibst du seine Mutter (F), darüber die Eltern (M) und (F) seiner Mutter. So gehst du mehrere Generationen zurück.

Zähl in jeder Zeile die Vorfahren (M oder F) und schreibe die Zahlenfolge auf. Sie beginnt folgendermaßen:

1   1   2 _____

»Bienen sind gar nicht so fleißig, wie ihnen immer nachgesagt wird. Sie können nur nicht langsamer fliegen.«

Kin Hubbard
(amerikanischer Humorist)

1   1   2   3   5   8   13   21   34   55 …

Das ist die Fibonacci-Folge. Weißt du, warum man immer die zwei vorangegangen Zahlen zusammenzählt, um die nächste Fibonacci-Zahl zu erhalten? Zum Beispiel: 8 = 5 + 3. Die Antwort folgt morgen.

28. APRIL

Ausgehend von deiner männlichen Biene hast du den Stammbaum ihrer Vorfahren rekonstruiert. Bis zur sechsten Generation sieht er folgendermaßen aus:

Zeile Nr. 6   F M F M F F M F
Zeile Nr. 5   M F F M F
Zeile Nr. 4   F M F
Zeile Nr. 3   M F
Zeile Nr. 2   F
Zeile Nr. 1   M

Wie rechnet man die Anzahl der Vorfahren für Zeile Nr. 7 aus?

_____

Und hier der Baum eurer Vorfahren...

In Zeile 7 müssen stehen:
8 Weibchen, die Mütter der 8 Bienen in Zeile Nr. 6; 5 Männchen, die Väter der 5 Weibchen in Zeile Nr. 6 (das sind die Mütter der 5 Bienen aus Zeile Nr. 5). Insgesamt: 8 + 5, das ist die Summe der Vorfahren aus den beiden vorhergehenden Zeilen.
Fibonacci-Folge :   1   1   2   3   5   8   13   21   34   55   etc.

Nimm deinen Taschenrechner zur Hand und teil jede Zahl der Fibonacci-Folge durch die vorhergehende:

29. APRIL

Merkwürdig, je weiter man in der Folge voranschreitet, desto mehr tendiert das Verhältnis der Zahlen zu einem Festwert hin!

$1 : 1 =$ $2 : 1 =$ $3 : 2 =$ $5 : 3 =$
mach weiter …

Das Verhältnis, das auch als Goldener Schnitt bezeichnet wird, nähert sich der Goldenen Zahl F = 1,618… an. Dabei handelt es sich wie bei der Zahl π um eine irrationale Zahl mit unendlich vielen Zahlen hinter dem Komma. Wir kommen bald wieder darauf zurück.

30. APRIL

Denk dir die Biografie des Mathematikers Leonardo von Pisa, genannt Fibonacci (1175–1250), aus.

Vergleich deinen Bericht mit dem, was du über seinen Lebenslauf findest.

1. MAI

So zeichnet man ein goldenes Rechteck

Zeichne auf einem großen karierten Blatt Papier zwei aneinanderstoßende Quadrate **a** und **b** mit der Seitenlänge 1 cm in eine Ecke. Dann zeichnest du ein Quadrat **c** mit der Seitenlänge 2 cm (= 1 cm + 1 cm), das an die beiden anderen stößt.
Dann ein weiteres Quadrat **d** mit der Seitenlänge 3 cm (= 2 cm + 1 cm), das an die beiden vorhergehenden stößt. Schließlich ein Quadrat **e** mit der Seitenlänge 5 cm (= 3 cm + 2 cm), das wiederum an die beiden vorhergehenden stößt.

Mach so weiter.

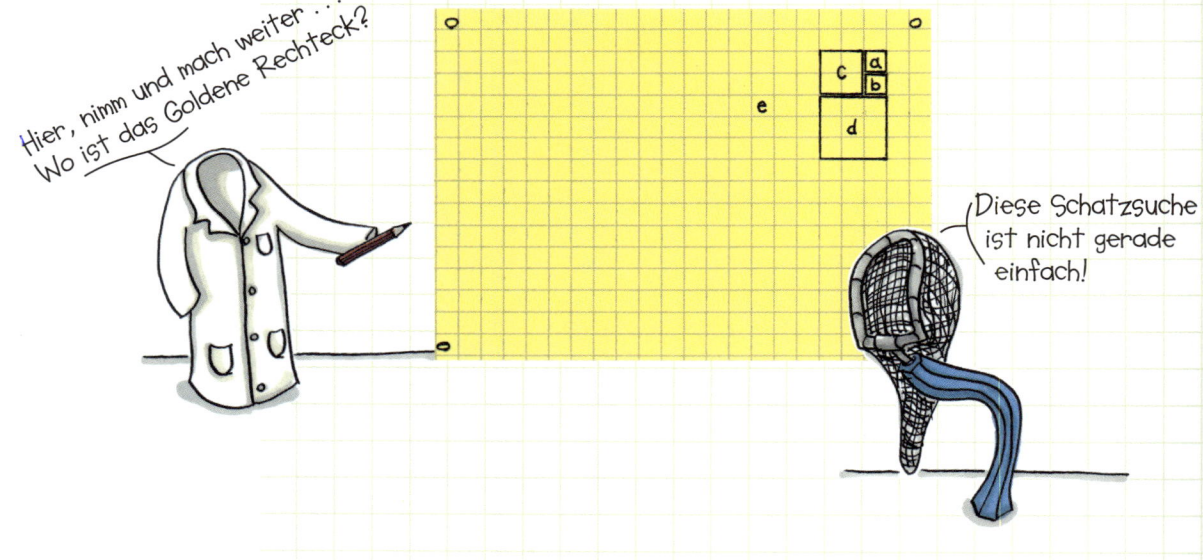

Bei jeder Etappe formen alle kleinen Quadrate zusammengenommen ein Rechteck, dessen Proportion (Länge/Breite) im Verhältnis des Goldenen Schnitts (siehe 29. April) steht: Es handelt sich um das goldene Rechteck.

Das »göttliche Verhältnis« des goldenen Rechtecks

Die Rechtecke auf dieser Seite haben unterschiedliche Proportionen (Länge/Breite). Welches erscheint dir am »harmonischsten«?

Führ eine Umfrage in deiner Familie oder deinem Freundeskreis durch und schreibe die Ergebnisse hier auf.

2. MAI

»Alle Charaktere sind aus denselben Elementen zusammengesetzt; nur die Proportionen machen den Unterschied aus.«

Théodore Simon Jouffroy
(französischer Philosoph)

Was sind das für Zimmer ohne Möbel? Na ja ... das kleinste wird wohl das Gästeklo sein ...

Nr. 1

Nr. 2

Nr. 3

Nr. 4

Häufig ist das Rechteck Nr. 3 – nicht zu quadratisch, nicht zu länglich – der Favorit. Bei ihm handelt es sich um das goldene Rechteck, dessen Proportion (Länge/Breite) dem Goldenen Schnitt entspricht.

3. MAI

Der »Modulor«

Finde den Goldenen Schnitt in der Skizze von dem Mann in seinem Haus.

Das Verhältnis zwischen der Größe des Mannes (183 cm) und seiner Bauchnabelhöhe (113 cm) entspricht mehr oder weniger dem Goldenen Schnitt.

Finde weitere Beispiele in der Zeichnung.

Le Corbusier, ein bekannter Architekt des 20. Jahrhunderts, hat ein Maßsystem entworfen, das auf dem Goldenen Schnitt beruht. So wollte er die Maße des Menschen in Einklang mit seiner Wohnumgebung bringen.

Die Vorfahren des Metermaßes

Von der Antike bis ins 19. Jahrhundert orientierte man sich an den menschlichen Körpermaßen, wenn man etwas vermessen wollte.

**Miss einmal bei dir selbst nach.
Wie lang sind »deine« alten Maßeinheiten?**

Elle =

Fuß (der Länge nach) =

Große Spanne =

Handbreit =

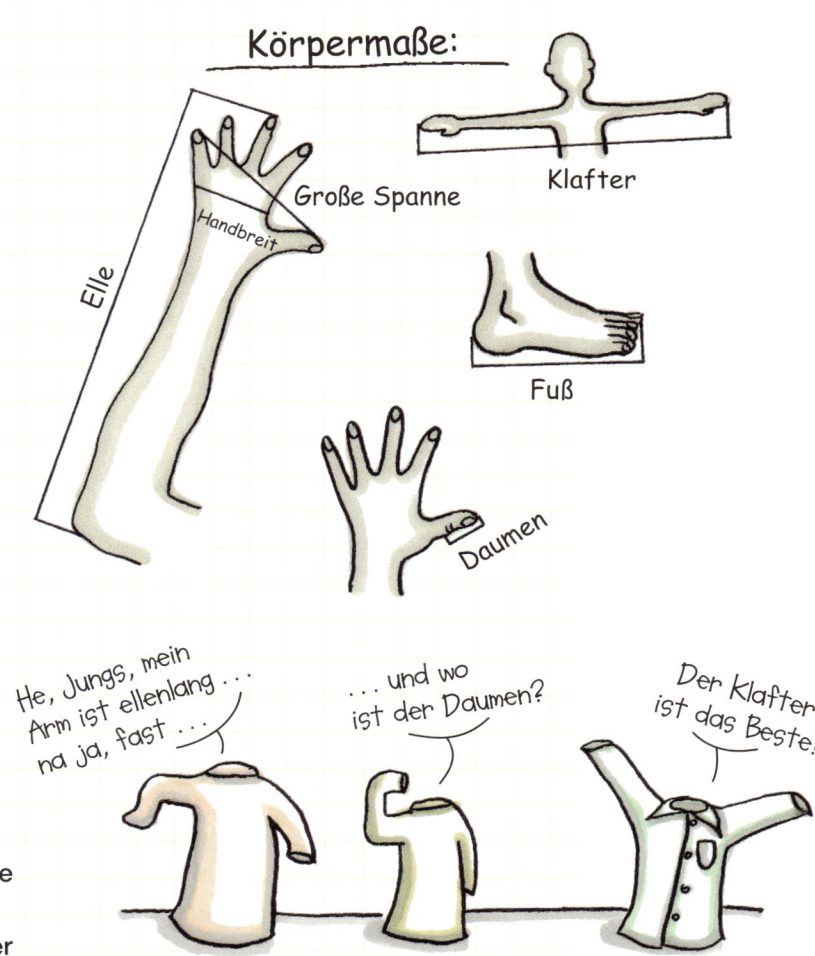

Andere häufig verwendete Maße waren der Daumen und der Klafter (Länge der ausgestreckten Arme).

5. MAI

Warum hat man sich für den Meter als Maßeinheit entschieden?

Befestige eine einen Meter lange Schnur an einer Kugel aus Knete und versetz dein Pendel in Schwingungen.

**Wie lange dauert es, bis es einmal hin- und zurückschwingt?
Hängt die Pendeldauer davon ab, wie weit das Pendel ausschlägt?
Oder von der Dicke der Kugel?
Oder der Länge der Schnur?**

»Jede Bewegung verläuft in der Zeit und hat ein Ziel.«

Aristoteles
(griechischer Philosoph)

Die Pendelfrequenz hängt weder von seiner Masse noch von seiner Schwingungsweite ab, sondern allein von seiner Länge. Ein Pendel von einem Meter Länge schwingt in einer Sekunde hin und zurück. Deswegen wurde Ende des 17. Jahrhunderts diese Länge als Maßstab vorgeschlagen.

Warum unterteilt man die Zeit in Stunden, Minuten und Sekunden?

Schreibe deine Überlegungen auf.

6. MAI

»Ein kommender Tag scheint länger zu sein als ein vergangenes Jahr.«

Sprichwort aus Schottland

Die Unterteilung von Tag und Nacht in je zwölf Abschnitte hängt mit den zwölf Monaten des Jahres zusammen.

Die Babylonier haben sowohl die Minute als auch die Sekunde in 60 Abschnitte unterteilt. So haben sie eine Grundeinheit geschaffen, die dem Rhythmus des menschlichen Herzschlags nahekommt.

Was für ein Waschlappen! Er hat nur EINE Stunde lang gependelt!

Na ja ... 3 600 Sekunden sind ganz schön lang!

7. MAI

»Stör meine Kreise nicht!«

Nach römischer Überlieferung waren das die letzten Worte des **Archimedes'** (griechischer Mathematiker, Physiker und Ingenieur) an den römischen Soldaten, der ihn bei der Eroberung von Syrakus in einem stillen Garten entdeckte und erstach. Archimedes grübelte über geometrische Figuren nach, die er in den Sand gezeichnet hatte.

Ein universeller Maßstab

Ganz genau genommen hat man im Jahr 1791 beschlossen, den Meter an einer viel größeren Länge auszurichten: an einem Viertel des Längenkreises der Erde = 10 Millionen Meter.

Sieh dir die Zeichnung an. Auf ihr findest du den Längenkreis, der durch Dünkirchen (51. Breitengrad) und Barcelona (41. Breitengrad) läuft.

Wie kann man aus der Entfernung L zwischen diesen beiden Städten auf die Länge eines Meters schließen?

$$1 \text{ Meter} = \frac{9 L}{10\,000\,000}$$

Da zwischen den Breitengraden von Dünkirchen und Barcelona 10° Differenz liegen und 90° zwischen dem Nordpol und einem Punkt auf dem Äquator, beträgt die Entfernung L $\frac{1}{9}$ von einem Viertel des Längenkreises, also $\frac{1}{9}$ von 10 Millionen Metern.

Die Geschichte des Meters

Informier dich über die Geschichte des Meters und fass sie zusammen. Es ist kaum zu glauben, aber es hat über sechs Jahre gedauert, das Stück des Längenkreises zwischen Dünkirchen und Barcelona zu messen.

Weitere Infos z. B. unter:
www.phil-gesch.uni-hamburg.de

9. MAI

Das chaotische Pendel

Bastle ein Pendel mit einer Kugel aus Knete,
die du an einer Schnur befestigst.
Häng eine Büroklammer an dein Pendel.

Verteil um dich herum Magnete. Sie sollen
die Büroklammer anziehen, aber nicht berühren.

Versetz das Pendel in Schwingung und sieh dir seine
Bewegungen genau an. Kannst du sie vorhersehen?

Beginne mehrmals von vorne.
Sind die Bewegungen immer dieselben?

Notiere deine Beobachtungen.

Die Bahn des Pendels scheint zufällig und unmöglich wiederholbar. Die kleinste Änderung beim Anstoßen des Pendels hat völlig unterschiedliche Bewegungen zur Folge. Es ist das totale Chaos.

Warum sind Wettervorhersagen oft unzuverlässig?

10. MAI

Schreibe im Laufe der kommenden Woche jeden Tag auf, wie das Wetter ist.
Vergleich es dann mit der Wettervorhersage.

Die Wettervorhersage für morgen – und noch mehr
für die kommende Woche – hängt ganz stark davon ab,
wie genau die atmosphärischen Bedingungen des aktuellen Tages
bestimmt werden können. Und perfekt geht das nie.
Wie beim chaotischen Pendel kann eine winzige Verschiebung
eine völlig andere Vorhersage zur Folge haben.

11. MAI

Wohin ziehen die Wolken?

Leg ein großes Blatt Papier auf einen Tisch im Freien. Zeichne die Himmelsrichtungen Norden, Süden, Osten und Westen ein. In die Mitte des Blatts legst du einen Spiegel, der zum Himmel zeigt. Beobachte in deinem »Nephoskop« die Bewegungen der Wolken.

Ziehen sie immer in dieselbe Richtung? In welche?

»Den Wind kann man nicht verbieten, aber man kann Windmühlen bauen.«

Sprichwort aus den Niederlanden

Hoch oben treibt der Wind die Wolken an. Je nach Höhenlage kann sich die Windrichtung ändern. Tiefer stehende Wolken bewegen sich also nicht zwangsläufig in dieselbe Richtung wie höher stehende Wolken.

12. MAI

»Denn sie säen Wind und werden Sturm ernten.«

die Bibel, Hosea 8, 7

Kennst du die Namen der Winde und weißt du, aus welcher Richtung sie wehen?

Du kannst auch welche erfinden ...

Der Mistral oder der Tramontana kommen aus dem Norden, der Föhn kommt aus dem Süden und weht über die Alpen, der Schirokko bläst in der Sahara, der Levante kommt aus dem Osten und der Poniente aus dem Westen ...

13. MAI

Wenn man Luft einsperrt, leistet sie Widerstand

Leg eine leere, fest verschlossene Plastikflasche auf den Boden und stell dich drauf.

Kannst du sie zerquetschen? Versuch es mit verschiedenen Größen und Formen von Plastikflaschen. Wie lautet deine Schlussfolgerung?

»Wer sich zum Wurm macht, soll nicht klagen, wenn er getreten wird.«

Immanuel Kant
(deutscher Philosoph)

Du kannst die Flasche zwar verformen, aber die eingeschlossene Luft komprimiert sich und baut so viel Druck auf, dass du sie nicht völlig zerquetschen kannst.

Der Geisterhandschuh

14. MAI

Schneide eine große offene Plastikflasche in der Mitte durch, nimm den Teil mit dem Flaschenhals und stülpe einen dünnen Plastikhandschuh über den offenen Boden. Dichte ihn mit Klebeband ab. Tauch diesen Flaschenstumpf mit dem offenen Flaschenhals zuerst in einen Wassereimer oder noch besser: in die Badewanne.

Was passiert?

»Die Zukunft, ein Phantom mit leeren Händen, verspricht uns alles und nichts.«

Victor Hugo
(französischer Schriftsteller)

Der Handschuh richtet sich auf, als wäre eine unsichtbare Hand in ihn hineingeschlüpft. Wenn du die Flasche unter Wasser tauchst, wird die in ihr befindliche Luft nach oben gedrückt und bläst den Handschuh auf.

15. MAI

Wie bläst man einen Luftballon auf, ohne in ihn hineinzupusten?

Leg eine leere, offene Plastikflasche für zehn Minuten ins Gefrierfach.

Hol sie raus und verschließ sie schnell, bevor sie sich erwärmt, mit einem Luftballon.

Was passiert?

Und wenn du die Flasche jetzt in die Sonne legst oder in heißes Wasser?

Ich wusste, dass es in der Sonne heiß ist ... aber so heiß?

Je stärker sich die in der Flasche eingeschlossene Luft erwärmt, umso mehr steigt ihr Druck und der Ballon bläst sich auf.

Rollentausch

16. MAI

Versuch einen Luftballon im Inneren einer Flasche aufzublasen.

Wie machst du das?

Einige Leute stecken Schiffe in Flaschen... warum also nicht einen Luftballon?

Stell eine Flasche in einen Topf mit heißem Wasser. Halte den Luftballon an der Öffnung fest und führ ihn in die Flasche ein. Stülpe dann den Rand der Ballonöffnung über den Flaschenhals und stell die Flasche in eiskaltes Wasser. Wenn die Luft in der Flasche abkühlt, verringert sich ihr Druck, die Luft entweicht nach oben, wodurch sich der Ballon aufbläst.

17. MAI

Warte auf mich!

Nimm ein dickes Buch in deine rechte Hand und ein halbes Blatt Papier in deine linke. Lass beides gleichzeitig fallen. **Was ist schneller?**

Leg nun das Blatt Papier oben auf das Buch und lass beides gleichzeitig los.

Schreib deine Beobachtungen auf.

Lose für sich sinkt das Blatt Papier sehr viel langsamer zu Boden als das Buch. Und zwar, weil sein Gewicht kaum größer ist als der Luftwiderstand. Liegt das Blatt aber auf dem Buch, spürt es den Luftwiderstand nicht mehr und beide Gegenstände fallen gleich schnell.

Ins Trudeln geraten

18. MAI

In ein Papierquadrat von 10 cm Seitenlänge schneidest du mit einer Schere zwei Schlitze, sodass du drei »Beine« erhältst (siehe Bild).

Knick das linke nach hinten ab und das rechte nach vorne.

Beschwere das mittlere mit ein oder zwei Büroklammern. Lass das Ganze fallen.

Notiere deine Beobachtungen.

Durch das Gewicht bekommt die Konstruktion ausreichend Fallgeschwindigkeit, um sich in der Luft zu drehen.

19. MAI

Düsentriebwerk

Schieb einen Faden durch einen Strohhalm. Spann den Faden zwischen zwei mehrere Meter voneinander entfernten Punkten.

Blas einen Luftballon auf. Halte die Öffnung mit deinen Fingern fest zugedrückt, während du den Ballon mit einer Seite an den Strohhalm klebst.

Fertig? Lass den Ballon los und ab geht die Post!

Okay, du kannst loslassen... Dieses Mal habe ich einen Helm auf!

Die nach hinten entweichende Luft katapultiert den Luftballon vorwärts: Das ist das Prinzip eines Düsentriebwerks.

20. MAI

Halte den aufgeblasenen Ballon zwischen
deinen beiden Händen. Mit zwei Fingern
hältst du seine Öffnung fest verschlossen.
Lass die Öffnung los, ohne deine Hände wegzunehmen.

Die Luft entweicht aus dem Ballon.
Was spürst du auf deinen Händen?

**Wiederhol das Experiment mehrmals und
schreib deine Beobachtungen auf.**

Willst du ein bisschen Wasser zur Erfrischung?

Nein danke, ich kann mich auch erfrischen, ohne mich nass zu machen.

Wenn du die Öffnung des Ballons loslässt, dehnt sich die Luft
aus ... und erkaltet. Wenn du eine Sprühdose für einige Sekunden
gedrückt hältst, kannst du dieselbe Abkühlung feststellen.
Auf ähnliche Weise lässt sich Gas verflüssigen.

21. MAI

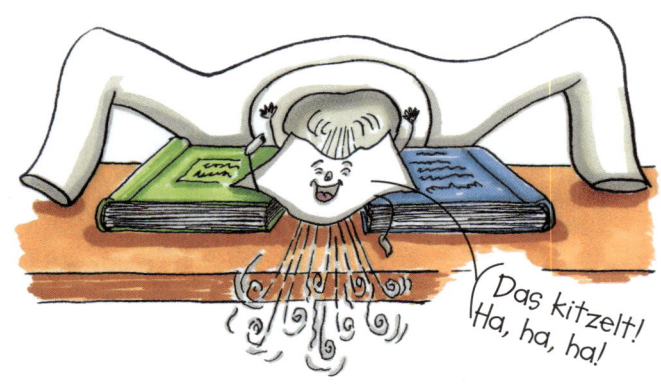

Die Wirkung des Windes ist manchmal überraschend

Leg in einem Abstand von 10 cm zwei Bücher auf einen Tisch und leg ein Blatt Papier über den Spalt. Puste so stark, wie du kannst, unter das Blatt, zum Beispiel mit einem Strohhalm.

Was passiert?
Fertige eine Zeichnung von deinem Experiment an.

Wenn du unter das Blatt pustest, wölbt es sich nach unten und schmiegt sich zwischen die beiden Bücher an den Tisch. Durch die schnell vorbeiströmende Luft lässt der Druck zwischen Papier und Büchern nach. Das ist der Bernoulli-Effekt.

Die Karosserieform von Rennwagen zwingt die Luft, mit großer Geschwindigkeit unter ihnen hindurchzuwehen. Der dabei entstehende Druck hält sie auf der Straße.

Einatmen oder ausatmen?

22. MAI

Schneide aus Pappe ein Quadrat von 5 cm Seitenlänge aus. In die Mitte steckst du eine Reißzwecke und darauf eine Garnrolle.

Wie kannst du dafür sorgen, dass die Pappe an der Garnrolle festhält? Na klar, du saugst die Luft tief durch die Garnrolle ein.

Aber was passiert, wenn du ganz stark pustest?

»Wenn der Wind des Wandels weht, bauen die einen Schutzmauern, die anderen Windmühlen.«

chinesisches Sprichwort

Auch das funktioniert. Immer noch der Bernoulli-Effekt: Der Luftstrom tritt am Ende der Garnrolle aus und verringert den Druck zwischen der Pappoberfläche und dem Boden der Garnrolle. So halten beide zusammen.

23. MAI

Der schwebende Tischtennisball

Schalte einen Föhn an und halte einen Tischtennisball in den senkrechten Luftstrahl.

**Bleibt er in der Luft?
Neige den Luftstrahl nach und nach zur Seite.
Was macht der Ball?**

Der Luftstrom sorgt dafür, dass der Ball immer wieder in die Achse des Föhns zurückgedrängt wird. Solange der Strahl senkrecht gehalten wird, gleicht er zudem das Gewicht des Balls aus und hält ihn in der Luft. Selbst wenn man den Luftstrahl neigt, verharrt der Ball in der Schwebe. Jetzt zwingt ihn eine andere Kraft in die Achse des Luftstrahls, der »Coanda-Effekt«. Eine gute Demonstration dieses Effekts findest du unter *www.implosion-ev.de/html/coanda-effekt.html*

Diese Aufgabe ist schon viel schwieriger. Wie habt ihr das geschafft?

24. MAI

Befestige einen Tischtennisball mit einem Klebepad am Ende eines Fadens. Führ ihn langsam an einen Wasserstrahl heran, bis er von ihm ergriffen wird. Zieh leicht an dem Faden und versuch den Ball wieder aus dem Wasserstrahl zu lösen.

Was kannst du beobachten?

Der Ball lenkt den Wasserstrahl nach links ab; im Gegenzug wird er vom Wasserstrahl nach rechts gezogen. Hier lässt sich wieder der Coanda-Effekt beobachten, der vor allem in der Aerodynamik wichtig ist.

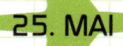 25. MAI

Veranstalte einen Papierflieger-Bastelwettbewerb.

Zeichne die besten Modelle und berichte über ihre Leistung.

Warum fliegen Flugzeuge?

26. MAI

Führ die gestrichelten Linien fort und zeichne den Weg, den die Luft um den Flugzeugflügel herum nimmt (hier im Profil).

Woher könnte die Kraft kommen, die das Flugzeug in die Luft hebt? Und wovon ist sie abhängig?

»Eine Flugmaschine zu erfinden, bedeutet wenig; sie zu bauen, schon mehr; aber sie zu fliegen, das ist das Entscheidende.«

Ferdinand Ferber
(französischer Flugpionier)

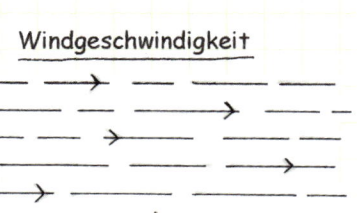

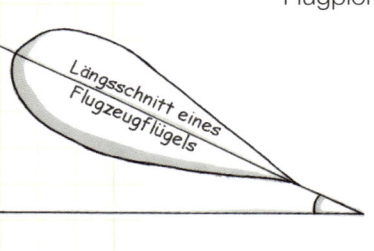

Also, seid ihr bereit, richtige Flugzeuge zu konstruieren? Fangen wir mit den Flügeln an!

Der Flugzeugflügel lenkt die anströmende Luft nach unten ab. Im Gegenzug erhält er einen Schubs nach oben. Diese Kraft hängt von der Geschwindigkeit des Flugzeugs im Verhältnis zur Luft sowie dem Anströmwinkel und der Flügelform ab.

27. MAI

Auf welcher Strecke fliegt ein Flugzeug von New York nach Peking?

Zeichne auf einem Blatt mit einem Maßstab von 1 : 1 000 km die Erde, indem du einen Kreis mit einem Radius von 6,4 cm ziehst.

Auf diesem »Meridian« markierst du nun die beiden Städte auf ihrem 40. Breitengrad – genauso wie auf der Skizze.

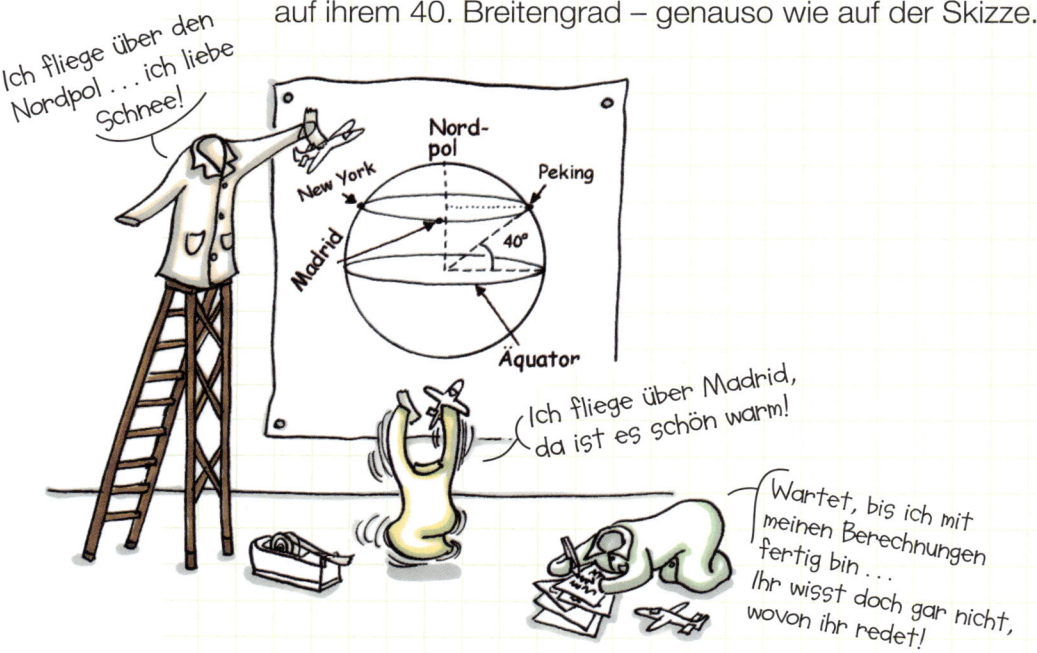

Wenn das Flugzeug auf demselben Breitengrad bleibt und über Madrid fliegt, wie lang ist dann die Strecke, die es zurücklegt?

Und wenn es die Strecke über den Nordpol wählt?

Etwa 15 000 km, wenn es auf demselben Breitengrad bleibt, und 11 000 km, wenn es über den Nordpol fliegt.

Was ist der kürzeste Weg von einem Punkt des Globus zu einem anderen?

28. MAI

Nimm einen Luftballon. Bestimme einen zufälligen Ausgangspunkt und kleb an diesem Punkt das Ende eines Fadens mit einem Klebepad fest.

Dann zieh den Faden zu einem anderen Punkt deiner Wahl, dem Ankunftspunkt. Kleb den Faden dort erneut fest, aber schneide ihn nicht ab!

Setz deinen Weg weiter fort und zieh den Faden so lange um den Ballon, bis du wieder an deinem Ausgangspunkt angekommen bist und so den großen Kreis schließt.

»Der kürzeste Weg von einem Punkt zum anderen, ist, nicht hinzugehen.«

Philippe Geluck
(belgischer Schauspieler, Humorist und Karikaturist)

Wäre die Erde flach, wäre der kürzeste Weg zwischen zwei Punkten eine gerade Linie. Aber auf einer Kugel, wölbt sich ein Teil eines großen Kreises von einem Punkt zum anderen.

29. MAI

Sehtest

Zeichne ein paar gleich lange Striche und einen etwas kürzeren Strich. Du brauchst eine Gruppe von mindestens drei Helfern und einen Freiwilligen.

Bitte alle Anwesenden, auf den kürzesten Strich zu zeigen. Lass deine Helfer anfangen. Da sie eingeweiht sind, gibt jeder von ihnen absichtlich die gleiche falsche Antwort.

**Was wird deine Testperson antworten?
Führ dieses Experiment mit verschiedenen Zeichnungen durch und schreib die Ergebnisse auf.**

Im ursprünglichen Experiment von Asch (1951) sollte die Testperson 18 Bilder analysieren. Bei zwölf von ihnen gaben die Helfer einheitlich eine falsche Antwort und die Testperson schloss sich bei fast der Hälfte der Meinung der Gruppe an.

Erinnere dich an eine Situation oder stell dir eine vor, in der du dich der Meinung oder der Haltung einer Gruppe angeschlossen hast.

Beschreib den Vorfall und erläutere deine Gründe.

30. MAI

Anscheinend entsteht Konformismus aus dem Bedürfnis heraus, von einer Gruppe akzeptiert zu werden, oder wird von der Annahme geleitet, die Gruppe sei besser informiert. Bilder vom Gehirn der Testperson zeigen, dass die Angstregion im emotionalen Gehirn aktiviert wird, wenn sie mit der Meinung der Gruppe konfrontiert wird.

31. MAI

Wissenschaftliches Spiel mit dem Lexikon

Such im Lexikon nach einem wenig geläufigen, wissenschaftlich klingenden Wort.
Schreibe seine Definition auf und erfinde weitere.

Hermeneutik:
- Wissenschaft von der Interpretation der Symbole
- ein Reifen, der hermetisch, also luftdicht, ist
- eine Pumpe, die auch in großer Kälte noch funktioniert

Schreib deine Definitionen auf und bitte deine Freunde, eine unter ihnen auszuwählen.

1996 veröffentlichte der amerikanische Physiker Alan Sokal einen völlig sinnlosen, aber mit wissenschaftlichen Vokabeln ausgestatteten Artikel mit dem Titel: »Die Grenzen überschreiten: Auf dem Weg zu einer transformativen Hermeneutik der Quantengravitation«. Mit diesem Artikel wollte er sich über den Missbrauch wissenschaftlicher Fachbegriffe in Kulturmagazinen lustig machen.

JUNI

1. JUNI

»Für mich ist ein Tag ohne Schabernack wie ein Käse ohne Löcher.«

Francis Blanche
(französischer Schauspieler)

Denk dir eine sensationelle Entdeckung aus.

Verfass einen kurzen Text,
mit dem du sie der Welt verkündest.

Aufklärungsflugzeuge, die Öl aufspüren können; die Entdeckung des fehlenden Bindeglieds in der Entwicklung zwischen Affe und Mensch … Es gibt zahlreiche Beispiele, durch die die Glaubwürdigkeit der Medien infrage gestellt wird. Manchmal handelt es sich dabei auch um echten Schwindel: zum Beispiel diese Webseite: *www.dhmo.de/*.
Sie ist in mehrere Sprachen übersetzt und immer noch aktiv, obwohl sie längst als Witz entlarvt wurde.
Die Formel für DHMO lautet ganz einfach: H_2O, also Wasser.

Was ist der Unterscheid zwischen unglaublich und unmöglich?

2. JUNI

Nenn einige Beispiele:

»*Damit das Mögliche entsteht, muss immer wieder das Unmögliche versucht werden.*«

Hermann Hesse
(deutsch-schweizerischer Dichter und Schriftsteller)

Versteh doch ... Du kannst dich unmöglich an dieser Schule anmelden. Aber es ist unglaublich, dass du es gerne möchtest!

Es ist unmöglich, Atome mit bloßem Auge zu erkennen, aber es ist unglaublich, dass man sie durch moderne Mikroskope betrachten kann. Es ist unmöglich, schneller als Lichtgeschwindigkeit zu fliegen, aber es ist unglaublich, zehnmal schneller als Schallgeschwindigkeit reisen zu können.

3. JUNI

»Musik ist Lärm, der denkt.«

Victor Hugo
(französischer Schriftsteller)

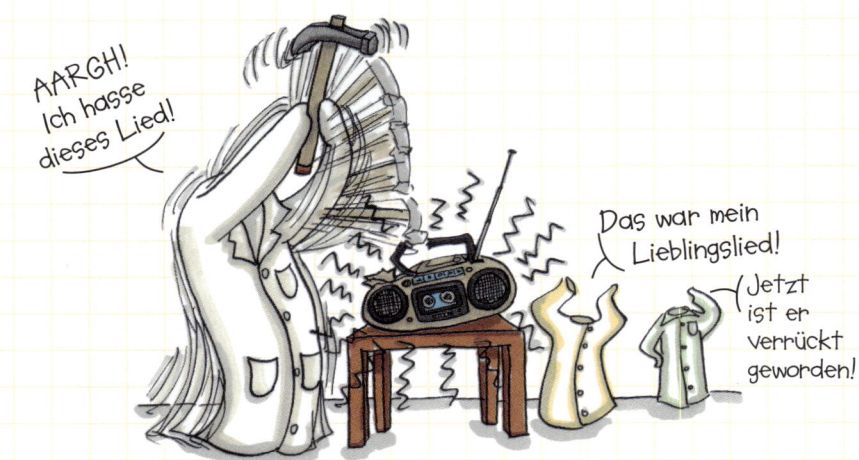

Was, glaubst du, haben Hammerschläge und ein musikspielendes Radio gemeinsam?

Beide versetzen die Luft um sie herum in Schwingung. Die dadurch entstandene Schallwelle setzt sich bis zu deinem Ohr fort und versetzt dort wiederum eine Membran in Schwingung, die dann Signale an dein Gehirn sendet.

Wie kann man Töne »sehen«?

4. JUNI

Spanne eine Membran (einen Fetzen von einem Luftballon oder einen dünnen Plastikhandschuh) mit einem Gummiband über eine Papprolle (siehe Bild).

Leg ein paar Reis- oder große Salzkörner darauf. Dann stell das Ganze vor einen funktionierenden Lautsprecher.

Was kannst du beobachten?

Die Körner tanzen im Rhythmus der Töne. Die Schallwelle, die der Lautsprecher aussendet, erreicht die Membran und versetzt sie in Schwingung. Du kannst den Ton zwar nicht sehen, aber er lässt die Körner in die Luft springen.

5. JUNI

Wedle dicht an deinem Ohr ganz schnell mit deiner Hand auf und ab.

Wie oft kannst du pro Sekunde hin- und herwedeln? Hörst du einen Ton?

Du spürst einen Luftzug, aber du hörst keinen Ton, da die Bewegung deiner Hand nicht schnell genug ist. Ihre Frequenz (die Anzahl der Auf- und Abwegungen pro Sekunde, Maßeinheit: Hertz) ist zu niedrig. Das menschliche Ohr hört Töne, die in einer Frequenz zwischen 20 und 200 Hertz liegen.

Ein Glas zum Erklingen bringen

6. JUNI

Tauch deinen Finger in Essig und reib ihn dann über den Rand eines Glases, das du mit deiner anderen Hand gut am Stiel festhältst. Hörst du den Ton?

Schreib deine Beobachtungen auf.

Der Essig löst jegliche Fettspuren auf und erhöht so die Reibung zwischen deinem Finger und dem Glas. Dieses beginnt mehrere hundert Mal pro Sekunde zu schwingen. Die Schallwelle, die dabei entsteht, kannst du hören.

7. JUNI

»Wer nur eine Glocke hört, hört nichts als ein Geräusch.«

französisches Sprichwort

Ein Glas-Xylofon

Füll mehrere Glasflaschen unterschiedlich hoch mit Wasser auf. Klopf mit einem Löffel nacheinander an jede Flasche.

Welche Flasche erzeugt den tiefsten Ton? Welche den höchsten? Kannst du eine Melodie spielen?

Wenn du auf einen Gegenstand schlägst, beginnt er zu schwingen und erzeugt eine Schallwelle in der Luft. Je voller die Flasche ist, desto langsamer schwingt sie und desto tiefer ist der ausgesendete Ton.

Eine Flaschenorgel

8. JUNI

Blas ganz knapp über einen Flaschenhals hinweg. Mit ein bisschen Übung wirst du bald einen Ton zustande bringen. Wiederhole das Experiment und füll mal mehr, mal weniger Wasser in die Flasche.

Notiere deine Beobachtungen.

Die durch den Flaschenhals strömende Luft versetzt die Luft im Flascheninneren in Schwingung. Je höher der Flüssigkeitspegel, umso kürzer die Luftsäule und umso größer ihre Frequenz: Der Ton wird also höher und höher.

9. JUNI

Die Musik des Windes

Bring an einer Plastikflasche einen Längsschnitt von etwa 8 cm Länge und 5 mm Breite an.
Verschließ die Flasche.
Befestige sie mit dem Flaschenhals an einer Stütze.
Der Spalt muss dabei in den Wind gerichtet sein.
Hörst du die Flasche pfeifen?

Beschreib deinen Versuch.

Wenn der Wind in die Spalte hineinfährt, bringt er sie zum Vibrieren.
Das wiederum versetzt die Luft in der Flasche,
die als Resonanzkörper dient, in Schwingung.

Der Anfang der Gitarre

10. JUNI

Binde einen Faden an ein Tischbein und halte das andere Ende in deiner Hand. Zupf an deiner Schnur wie an einer Gitarre und hör gut hin. Halte den Faden mal mehr, mal weniger gespannt, verändere den Abstand zwischen deiner Hand und dem Tischbein, tausch den Faden durch einen feineren oder dickeren aus.

Notiere deine Beobachtungen.

»Um Meister der Gitarre zu werden, braucht man zehn Jahre pro Saite.«

spanisches Sprichwort

Die Tonhöhe hängt von der Schwingungsfrequenz der Schnur ab. Um höhere Töne zu erzeugen, kann man die Spannung der Schnur erhöhen, ihre Länge verkürzen oder ihre Dicke verringern.

11. JUNI

Ein bisschen Ordnung, bitte!

Musikinstrumente teilt man in drei große Gruppen ein: Streichinstrumente, Bläser und Schlaginstrumente.

Nenn Beispiele für jede dieser Gruppen.

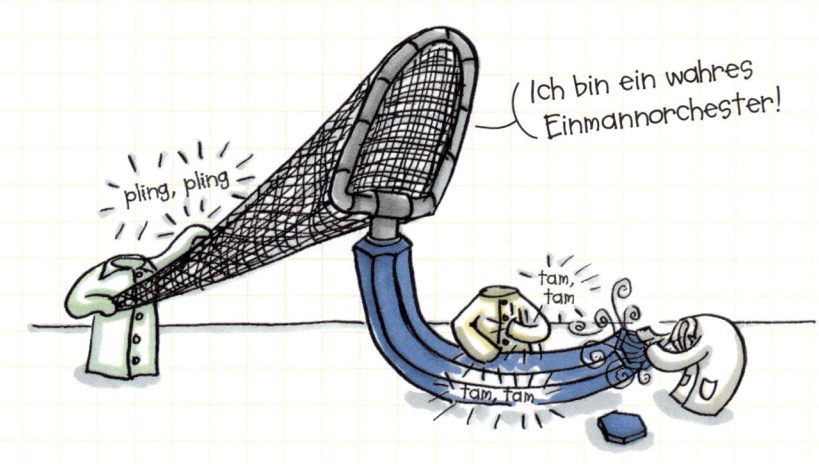

Was ist dein Lieblingsmusikinstrument?

12. JUNI

Zeichne es auf.

Kannst du erklären, wie es
verschieden hohe Töne erzeugt?

13. JUNI

Das schönste Instrument der Welt

Blas einen Lufballon so weit wie möglich auf. Halte die Öffnung fest mit Daumen und Zeigefingern deiner beiden Hände verschlossen. Lass die Luft langsam entweichen. Wenn du die Öffnung dabei mal mehr und mal weniger in die Länge ziehst und auch mal weniger fest zusammendrückst, erzeugst du unterschiedliche Töne.

Welches menschliche Organ funktioniert nach diesem Prinzip?

Im Kehlkopf vibrieren die Stimmbänder, wenn Luft an ihnen vorbeiströmt, und produzieren so Töne.

Summe mit geschlossenem Mund ein Liedchen

14. JUNI

Leg deine Finger an deinen Hals. Was fühlst du?

Halte mit der anderen Hand deine Nase zu. Was passiert?

Die Luft zieht auf ihrem Weg von der Lunge bis zur Nase an deinen Stimmbändern vorbei, deren Vibration du an deinen Fingerspitzen fühlen kannst. Wenn du deine Nase zuhältst, kann die Luft nicht mehr abfließen. Vibration und Töne können nicht mehr entstehen.

15. JUNI

Hast du schon mal versucht, im Kanon zu singen?

Warum ist es so schwierig, »seine Stimme zu halten« und richtig zu singen?

Dein Ohr ist nicht daran gewöhnt, mehrere Stimmen gleichzeitig zu hören. Aber du kannst es trainieren. Lies zunächst mit einem Freund oder einer Freundin ein Gedicht gemeinsam vor, anschließend liest jeder allein vor, jeweils um einen Vers versetzt.

16. JUNI

Hast du schon mal das Meer in einer leeren Muschel rauschen gehört?

Versuch es mit einem leeren Joghurtbecher.
Das ist sehr viel weniger romantisch,
aber es funktioniert auch.

Was du hörst, sind nichts anderes als die Geräusche im Inneren
deines Ohrs. Die Muschel dient nur als Resonanzkörper.
Die Geräusche ähneln ein wenig denen von Wellen.

17. JUNI

Spann ein Gummiband von oben nach unten um eine Kaffeetasse. Zupf über der offenen Seite der Tasse am Gummiband.

Was hörst du?

Wiederhol den Versuch, drück diesmal aber die untere Seite der Kaffeetasse an dein Ohr.

Kannst du einen Unterschied feststellen?

»Musik ist in allem.«

Victor Hugo
(französischer Schriftsteller)

Die Tasse übernimmt eine Doppelrolle: Einerseits dient sie den Schallwellen als Resonanzkörper, andererseits überträgt sie diese durch den Kontakt mit deinem Ohr direkt. Der Ton klingt sehr viel lauter.

Lass die Glocken läuten ...

18. JUNI

Binde in der Mitte eines langen Fadens den Stiel eines Metalllöffels fest.

Wickle die Enden der Schnur jeweils um deine Zeigefinger. Leg die Finger an deine Ohren.

Beug dich nach vorne, sodass der Löffel an ein Möbelstück schlägt.

Was hörst du?

Verkürz den Faden, indem du ihn noch ein paar Mal um deine Finger wickelst, und lass den Löffel erneut erklingen.

Ist es derselbe Ton?

»Mit der Gabel ist es eine Ehr, mit dem Löffel erwischt man mehr.«

deutsches Sprichwort

Du hörst einen Glockenton, der höher wird, je kürzer der Faden ist. Der Schlag versetzt den Löffel in Schwingung. Die Schnur leitet die Schwingungen an dein Ohr weiter: Je länger der Faden, desto tiefer der Ton.

19. JUNI

Der Vorläufer des Telefons

Stich ein Loch in einen Plastikbecher und fädele das Ende eines langen Fadens hindurch. Mach einen Doppelknoten, damit er nicht wieder herausrutscht.

Genauso verfährst du mit einem weiteren Plastikbecher am anderen Ende des Fadens.

Gib einen der Becher einem Freund oder einer Freundin und geht so weit auseinander, bis der Faden gespannt ist.

Euer Telefon ist fertig. Wechselt euch ab:
Einer spricht, der andere hört zu!

Funktioniert es?

Der erste Becher fängt die Schallwelle, die dein Mund aussendet, auf. Er versetzt die Schnur in Schwingung, über die sich die Schallwelle weiter ausbreitet. Am anderen Ende versetzt sie den zweiten Becher in Schwingung. Dieser wiederum setzt die Schallwelle in die Luft frei und das Ohr deines Freundes fängt sie auf.

Wie schafft es die Sängerin Castafiore in »Tim und Struppi«, Gläser zum Bersten zu bringen?

20. JUNI

Mit bloßer Stimme, ohne Verstärker, ist das sehr schwierig.

Um ein Glas zum Bersten zu bringen, muss man einen Ton in der richtigen Frequenz erzeugen. Außerdem muss er gleichmäßig und sehr intensiv sein, um die Glaswände in so starke Schwingungen zu versetzen, dass sie platzen (siehe Experiment vom 6. Juni).

Im Internet kannst du dir einen Versuch mit einem Weinglas ansehen:
www.youtube.com/watch?v=JqWH8_FL4eY

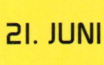

21. JUNI

»Ohne Musik wäre das Leben ein Irrtum.«

Friedrich Nietzsche
(deutscher Philosoph)

Heute ist Musikfestival

Gib ein kleines Konzert auf einem selbst gebauten Instrument.

Vorsicht mit den Dezibel!

Vergleiche mit einem Freund oder einer Freundin den leisesten Ton, den jeder von euch hören kann, und dann den lautesten, den ihr noch aushaltet.

Seid ihr einer Meinung?

22. JUNI

»Musik wird oft nicht schön gefunden, weil sie stets mit Geräusch verbunden.«

Wilhelm Busch
(deutscher Dichter und Zeichner)

Die Lautstärke wird in Dezibel (dB) gemessen. Jedes Mal, wenn sie zehnmal lauter wird, fügt man dem Lärmpegel 10 dB hinzu. Das Rascheln von Blättern im Baum misst etwa 10 dB, eine normale Unterhaltung ist etwa 100 000 Mal lauter und entspricht 60 dB. Die Schmerzgrenze, noch mal 1 000 000 Mal lauter als das Rascheln der Bäume, liegt bei etwa 120 dB. Und ein Rockkonzert überschreitet manchmal 130 dB!

23. JUNI

Nimm eine Uhr oder einen Wecker,
deren Ticken gut zu hören ist.
Stell den Wecker zu deinen Füßen,
sodass du ihn nicht mehr so deutlich hörst.
Öffne einen Regenschirm und richte ihn so
aus, dass das Ticken wieder gut zu hören ist.

Was geht hier vor sich?

Wenn der Regenschirm richtig ausgerichtet ist (über deinem Kopf, leicht zu deinem Ohr hin geneigt), reflektiert er das Ticken und lenkt es zu deinem Ohr. In einem Konzertsaal sorgt man für eine gute Akustik, indem man die Form des Saals optimiert und geeignete Materialien auswählt.

So kannst du das Echo deiner Stimme hören

24. JUNI

Stell dich unter ein hohes Gewölbe oder dicht an eine große Wand. Schrei kurz und laut.

Hörst du den Schrei und sein Echo?

Die reflektierende Oberfläche muss weit genug entfernt sein, damit du zwischen dem direkten Laut und dem reflektierten (dem Echo) unterscheiden kannst. Im 17. Jahrhundert hat Marin Marsenne die Zeit gemessen, die das Echo brauchte, um bis zu seinem Ohr zu gelangen, und so die Schallgeschwindigkeit in der Luft bestimmt (340 m/s).

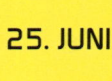

25. JUNI

Bis wohin trägt die Stimme?

Die Energie der Schallwelle verteilt sich gleichmäßig in alle Richtungen.
Je weiter der Zuhörer entfernt steht, desto schwächer kommt der Ton oder die Stimme bei ihm an.

Wie kann man sich trotzdem über die Entfernung hinweg unterhalten? Schreib deine Ideen auf.

Man kann den Ton bündeln, indem man in ein Megafon spricht und sich ein Hörrohr ans Ohr hält. Außerdem trägt die Stimme weiter, wenn man in Windrichtung redet.

Lauschangriff

26. JUNI

Stell einen laut tickenden Wecker an ein Tischende und leg dein Ohr aufs andere. Wird der Ton besser über den Tisch oder durch die Luft übertragen?

In Western sieht man oft, wie jemand sein Ohr auf Bahngleise oder sogar auf den Boden legt.

Was versuchen sie dadurch zu »erhorchen«?

In festen Gegenständen setzt sich der Ton besser und mindestens zehnmal schneller als in der Luft fort. Wenn du dein Ohr auf die Schienen legst, kannst du einen Zug hören, der noch mehrere Kilometer entfernt ist. Aber das probierst du besser nicht selbst aus!

27. JUNI

Stell das Radio oder den Fernseher an und such dir einen Sender, der nicht auf Deutsch sendet.

Weißt du, welche Sprache gesprochen wird?

Welche Beobachtungen helfen dir dabei, zwei Sprachen, die du nicht verstehst, voneinander zu unterscheiden?

Sprachen unterscheiden sich nicht nur durch ihren Wortschatz. Betonung, Rhythmus und Lautbildung können dir dabei helfen, zwei dir unbekannte Fremdsprachen voneinander zu unterscheiden. Für einen Deutschen klingt zum Beispiel der »th«-Laut im Englischen sehr charakteristisch.

28. JUNI

»Wenn das, was du zu sagen hast, weniger schön ist als Schweigen, dann schweige.«

arabisches Sprichwort

Du musst dich mit jemandem unterhalten, der kein Deutsch spricht oder gehörlos ist.

Erfinde Gesten, um dich zu verständigen.

In jedem Land haben Gehörlose ihre eigene Zeichensprache entwickelt. Manchmal sind die »Zeichenakteure« so ausdrucksstark, dass die Zeichensprache fast einer Pantomime gleicht. Alle Wörter, die du kennst, kann man in Zeichen verpacken, Wörter wie »Traum«, »Wissenschaft« oder »Chromosom«.

29. JUNI

Ist der Floh taub geworden?

Ich erinnere mich nicht mehr daran, wann ich diese Geschichte zum ersten Mal gehört habe. Jedenfalls wurde sie in meiner Kindheit oft erzählt:

Ein Ingenieur soll die Sprungkraft eines Flohs testen. »Spring!«, ruft er und der Floh springt.
Er reißt ihm ein Bein aus und wiederholt: »Spring!«, und der Floh springt.

So verfährt er auch mit den übrigen Beinen, bis das arme Insekt auch sein letztes Bein verloren hat und nicht mehr springt. Der Ingenieur schlussfolgert: »Wenn man dem Floh seine sechs Beine ausreißt, wird er taub.«

Vor allem erinnere ich mich aber daran, dass jedes Mal, wenn meine Schwester oder ich uns bei irgendeinem Thema auf eine wackelige Begründung stützen wollten, mein Vater lächelnd einwarf: »Und wenn ich richtig verstehe, ist der Floh taub geworden!«

Richtig oder falsch?

30. JUNI

Erfinde Argumente, die logisch erscheinen, aber einen Fehler enthalten. Teste dein Umfeld.

Beispiel:
Alle Menschen sind sterblich.
Sokrates ist sterblich.
Also ist Sokrates ein Mensch.

Ein ganz besonderer Geburtstag

1. JULI

1953 verkündete mein Vater, Telekommunikationsexperte, dass mein zehnter Geburtstag live im Radio übertragen werden würde – eine seiner verrückten Ideen. Um genau 15 Uhr waren wir auf Sendung und er begann das Interview: »Erzählen Sie uns von Ihrer Geburtstagsfeier, mein Fräulein. Und möchten Sie unseren Hörern noch etwas sagen?«

Wie war es möglich, dass meine Stimme durch dieses Mikrofon kroch und einen Weg fand, um von Menschen auf der ganzen Welt, die zur selben Zeit vor dem Radio saßen, gehört zu werden? Natürlich war diese Übertragung für andere nur von sehr begrenztem Interesse. Aber ich staunte noch viele Jahre darüber, dass meine Stimme am anderen Ende der Wohnung aus dem Radio erklang. Mein Vater konnte mir, so viel er wollte, von unsichtbaren Wellen um uns herum erzählen und davon, wie ich sie durch die Lautstärke meiner Stimme beeinflusse. Ich konnte es einfach nicht glauben.

Viele Jahre später suchte ich mir als junge Studentin ein paar elektrische Grundbauelemente zusammen und baute aus einem Lautsprecher mein erstes Radio. Wie durch Zauberhand erklang sofort eine unbekannte Stimme. Jetzt hatte ich endlich das Gefühl, es begriffen zu haben.

2. JULI

»Wer lesen und schreiben kann, hat vier Augen.«

Sprichwort aus Albanien

Dein bester Freund oder deine beste Freundin zieht um. Wie haltet ihr Kontakt?

Per SMS und per E-Mail??
Okay. Aber vorher, als es das noch nicht gab?

Geh in der Zeit zurück und stell dir alle Möglichkeiten der Telekommunikation vor.

Radio, Telefon, Telegraf (mit Morsecode). Vor der Entdeckung der Elektrizität beschränkte sich die Nachrichtenübermittlung auf Sichtweite, also Lichter, Flaggen, Rauch. Das funktionierte aber nur bei gutem Wetter und mithilfe von Zwischenstationen etwa alle zehn Kilometer.

3. JULI

Um 1840 schlug Samuel Morse einen Buchstaben- und Zahlencode vor, der darauf basiert, wie lange man einen Stromkreis schließt.

Kurze Schließung des Stromkreises ($\frac{1}{4}$ s) wird durch einen Punkt wiedergegeben: •

Lange Schließung des Stromkreises ($\frac{3}{4}$ s) wird durch einen Strich wiedergegeben: –

Tausch mit deinen Freunden Nachrichten im Morsealphabet aus. Wie schreibt man SOS?

Für die Prüfung zum Amateurfunker musste man bis 2003 in der Lage sein, fünf Worte pro Minute im Morsecode zu senden. Schaffst du das?

4. JULI

»Es gibt **10** Arten von Menschen. Die einen verstehen die binäre Sprache, die anderen nicht.«

anonym

Mit den dir bekannten Ziffern (0, 1, 2 … 9) kannst du jede beliebige Zahl schreiben. Wenn du über 9 hinauskommst, ersetzt du sie durch eine 0 und schreibst links eine 1 davor. Stell dir vor, du würdest, so wie ein Computer, nur die beiden ersten Ziffern, die 0 und die 1, kennen.

**Wie würdest du dann Zahlen aufschreiben?
Versuch es einmal:**

0 schreibt sich:	0
1 schreibt sich:	1
2 schreibt sich:	10 (lies noch einmal das Zitat des Tages)
3 schreibt sich:	11
4 schreibt sich:	100
mach weiter	

Ein Computer rechnet nur mit zwei Ziffern, dafür aber SEHR schnell (mehr als 20 Milliarden Rechnungen pro Sekunde!).
Zahlenfolge der sogenannten Binärzahlen:
0, 1, 10, 11, 100, 101, 110, 111, 1000, 1001, 1010 etc.

5. JULI

Mit einem »Bit« (Abkürzung für das englische Wort *binary digit*), dargestellt durch 0 oder 1, kannst du die Geschwindigkeit eines Autos beschreiben: langsam = 0 und schnell = 1.
Durch ein Paket von 8 Bits, Byte genannt, kannst du aber noch mehr Informationen weitergeben:
0 0 0 0 0 0 0 0 = das Auto hat die Geschwindigkeit 0;
1 1 1 1 1 1 1 1 (255 in binärer Schreibweise) = das Auto fährt 255 km/h.

Wie kann man eine Geschwindigkeit von 24 km/h darstellen?

»*Das Unsympathische an den Computern ist, dass sie nur Ja oder Nein sagen können, aber nicht Vielleicht.*«

Brigitte Bardot
(französische Filmschauspielerin)

In binärer Schreibweise sind Zweier-Potenzen einfach darzustellen:

Zweier-Potenz	2	2 + 2 = 4	4 + 4 = 8	8 + 8 = 16
dasselbe binär	10	10 + 10 = 100	100 + 100 = 1 000	1 000 + 1 000 = 10 000

Die Zahl 24 = 16 + 8 schreibt sich also: 10 000 + 1 000 = 11 000

6. JULI

Mit 0 und 1 kann man also Zahlen darstellen. Und Buchstaben?

Man hat sich – fast – geeinigt und mit einem Byte (8 Bits) kann man so gut wie alle Zeichen kodieren, die von Ländern mit lateinischem Alphabet verwendet werden.

Zeichne andere Symbole, die von Menschen erfunden wurden, damit sie ihre Sprache aufschreiben können.
(Zum Beispiel die ersten Buchstaben des griechischen Alphabets oder des kyrillischen, arabischen, hebräischen ...)

Würde man die wichtigsten Schriftzeichen, die in der Welt benutzt werden, kodieren wollen, müsste man dafür zwei Bytes (16 Bit) verwenden. Das würde die Länge von Textdokumenten allerdings verdoppeln.

Weißt du, was es mit dem Turm von Babel auf sich hat?

Erzähl seine Geschichte.

7. JULI

»Alle Welt hatte nur eine Sprache und dieselben Laute.«

die Bibel,
Genesis 11 Vers 1

8. JULI

Jetzt, da der Computer lesen kann, können wir ihm Befehle geben

Der Computer hat mit diesem Programm den Befehl erhalten, eine Zahlenfolge aufzuschreiben.
Wenn du die Anweisungen Zeile für Zeile befolgst, findest du sie.

Zeile 1   j = 1
Zeile 2   Schreib j
Zeile 3   Wenn j < 10, fahre fort; ansonsten gehe zur Zeile 6
Zeile 4   Ersetze j durch j + 1
Zeile 5   Geh zu Zeile 2
Zeile 6   Stop

»Computer sind zu nichts nütze. Sie können nichts weiter als Antworten geben.«

Pablo Picasso
(spanischer Maler und bildender Künstler)

Ein Computerprogramm besteht oft aus mehreren Tausend Zeilen. Manchmal auch aus sehr viel mehr, wenn es z. B. einen Satelliten steuern soll.

Der Computer wurde programmiert, die Zahlen von 1 bis 10 zu schreiben.

9. JULI

»Der Computer gehorcht deinen Befehlen und nicht deinen Absichten.«

anonym

Etwas schwieriger

Befolg die Anweisungen und schreibe wie ein guter Computer die durch das Programm vorgegebenen Zahlen auf:

Zeile 1   n(1) = 1
Zeile 2   Schreib n(1)
Zeile 3   n(2) = 1
Zeile 4   Schreib n(2)
Zeile 5   j = 3
Zeile 6   n(j) = n(j-1) + n(j-2)
Zeile 7   Schreib n(j)
Zeile 8   Wenn j < 10, fahre fort; ansonsten geh zu Zeile 11
Zeile 9   Ersetze j durch j + 1
Zeile 10   Geh zu Zeile 6
Zeile 11   Stop

Hier die zehn Zahlen, die der Computer geschrieben hat:
1 1 2 3 5 8 13 21 34 55
Kommen sie dir bekannt vor?

Es handelt sich um die ersten zehn Zahlen der Fibonacci-Folge (schau im Tagebuch Ende April nach).

10. JULI

Glaubst du, dass man einem Computer alles beibringen kann?

Mach eine Liste mit Dingen, die man ihm sicherlich beibringen kann, und eine Liste mit Dingen, von denen zu bezweifelst, dass ein Computer sie lernen kann:

Kann ein Computer lernen:	Kann er nicht lernen:

Was machst du denn da?

Ich bringe ihm bei, wie man sich die Zähne putzt!

Du gegen den Computer

11. JULI

Bitte einen Freund, an einen Gegenstand zu denken, und versuch herauszufinden, was es ist, indem du ihm Fragen stellst, auf die er mit Ja oder Nein antwortet.

Schreib deine Fragen auf, bis du den Gegenstand erraten hast.

Geh nun auf folgende Webseite: **www.20q.net** und spiel gegen den Computer. Lass ihn nach demselben Gegenstand suchen.

Dieses Mal stellt er die Fragen und du antwortest. Schreibe die Fragen des Computers auf.

Hat er es erraten? Und wenn ja, mit wie vielen Fragen? Hat er dieselben Fragen wie du gestellt?

»Natürlich gewinnt mein Computer im Schach immer gegen mich. Aber was mich nervt, ist, dass ihn das nicht mal freut.«

Kindermund

12. JULI

Wir wollen auch fünf Sinne haben!

Du erfasst die Welt um dich herum mit deinen fünf Sinnen.

Versuch dir Geräte vorzustellen, durch die ein Roboter sehen, hören, tasten, schmecken und fühlen kann.

Mit einer Kamera kann er sehen – selbst im Dunkeln. Ein sehr empfindliches Mikrofon kann ihm zu einem besseren Gehör als dem menschlichen verhelfen. Gegenstände in seiner Umgebung kann er durch die Installation von biegsamen Fühlern ertasten. »Computernasen« gibt es schon. Durch chemische Sensoren fangen sie Gerüche auf. Für den Geschmack werden noch verschiedene Techniken erprobt.

13. JULI

Stell dir deinen persönlichen Roboter vor.
Wie sieht er aus? Was kann er alles?

Beschreibe, wie du einen Tag mit ihm verbringst.

14. JULI

Wie wär's mit einer Party?

Öffne eine große Colaflasche, ohne sie zu schütteln, und stell sie nach draußen. Lass schnell ein halbes Dutzend Mentos Mint in sie hineinfallen und spring zurück.

Was für ein Feuerwerk!

»Man hört nicht zu spielen auf, weil man alt wird. Man wird alt, weil man zu spielen aufhört.«

anonym

Um einen Geysir zu sehen, muss man keinen Nationalpark besuchen!

Künstlicher Geysir

Am Anfang schweben viele unsichtbare Kohlensäurebläschen in der Flüssigkeit. Wenn sie in Berührung mit den Mentos kommen, sammeln sich die Bläschen, werden größer, schießen an die Oberfläche und reißen dabei die Flüssigkeit mit sich wie bei einem Geysir.

Vulkanausbruch im Badezimmer

15. JULI

Nimm eine fast leere Zahnpastatube. Schraub sie fest zu und roll den unteren Teil der Tube nach oben hin auf, damit die restliche Zahnpasta hochgeschoben wird. Stich nun mit einer Kugelschreiberspitze ein Loch in die aufgerollte Tube.

Beobachte und zeichne den »Ausbruch« der Zahnpasta.

Die unter Druck stehende Paste entweicht durch die von dir angebrachte Öffnung. Bei einem Vulkan sammelt sich Magma, eine Mischung aus sehr heißem, flüssigem Gestein, in unterirdischen Hohlräumen. Der Druck steigt und das Magma entweicht in Form von Lava durch Risse in der Erdkruste.

16. JULI

Staple mehrere Schichten verschiedenfarbiger Knete übereinander.

Stich einen möglichst starken Strohhalm durch deinen Stapel und zieh ihn wieder heraus. Im Strohhalm befindet sich nun eine säulenartige mehrfarbige Knete-Probe. Man nennt das einen »Bohrkern«.

Tipp: Schlitz deinen Strohhalm an der Seite ein wenig auf, bevor du ihn in die Knete stichst. So kannst du den Bohrkern später leichter herauslösen.

»Denken ist ähnlich dem Bohren eines Brunnens; das Wasser ist erst trüb, dann wird es klarer.«

chinesisches Sprichwort

Durch solche Bohrungen kann man die verschiedenen Erdschichten untersuchen. Nicht nur auf der Erde, sondern auch auf dem Mond und dem Mars!

17. JULI

Goldsucher, ein schwerer Beruf

Füll Erde in ein großes durchsichtiges Glas und leg einige metallene Büroklammern darauf. Füll dann das Glas zur Hälfte mit Wasser und schüttle es.

**Was passiert?
Wo befinden sich die Büroklammern?**

Schwere Gegenstände sinken schneller nach unten und werden von der Erde bedeckt. Gestein, das Schwermetalle enthält, wird so nach und nach tiefer in den Erdboden gedrückt.

18. JULI

Die Größten werden die Ersten sein

Füll ein durchsichtiges Glas mit Reiskörnern und gib einige getrocknete Bohnen hinzu. Verschließ das Glas und schüttele es kurz gut durch.

Wo befinden sich die Bohnen?

»Die Spreu vom Weizen trennen.«
deutsche Redensart

Wenn du verschieden große Teilchen schüttelst, rutschen die kleineren nach unten. Sie füllen die Stellen aus, in die die großen nicht hineinpassen. Schau morgens mal in deine Müslipackung und sieh nach, wo sich die Frucht- und die Schokoladenstücke befinden.

Ein echter Zaubertrick

19. JULI

Leg eine große Murmel in ein Glas und bedecke sie mit grobem Salz, bis du sie nicht mehr siehst.

Schüttle das Glas anschließend gut durch.
Die Murmel taucht wieder auf – und zwar ganz oben.

Notiere deine Beobachtungen und erklär, was passiert ist.

20. JULI

Eine Kieselsteinbrücke?

Sammle ein paar Kieselsteine und versuch eine Brücke zwischen zwei gegenüberliegenden Punkten auf einem Glasrand zu bauen.

Tipp: Kleb ein Stückchen Klebepad auf die beiden Kiesel, die das Glas berühren.

Versuch es mit größeren und kleineren Gläsern, mit größeren und kleineren Kieselsteinen.

Schreib deine Beobachtungen auf.

»Es ist besser, Brücken zu bauen statt Mauern.«

Sprichwort der Swahili

Durch die Reibung zwischen den Steinen hält die Brücke in der Luft.

Das Gewicht von Sand

21. JULI

Nimm eine Papprolle und verschließ
ein Ende mit einem Wischtuch aus Papier,
das du mit einem Gummi fixierst.

Füll diesen »Behälter« mit grobem Salz.
Hält der Boden?
Drück von oben fest auf die Körner.
Hält das Papiertuch immer noch?

**Fertige eine Skizze von deinem Versuch an
und schreib deine Beobachtungen auf.**

Die meisten Körner in der Rolle liegen nicht auf dem Boden auf. Sie halten sich in der Luft mithilfe der Wände, zwischen denen sie »Brücken bauen«.

22. JULI

Salzbrücken

Bastle dir einen Behälter, indem du den oberen Teil einer kleinen Plastikflasche abschneidest.

Stell einen Holzlöffel in die Mitte und füll den Behälter mit sehr grobem Salz.

Klopf mit dem Ganzen mehrmals auf einen Tisch, damit sich die Salzkörner zurechtrütteln und sich in Brücken anordnen.

Versuch den Behälter am Holzlöffel hochzuheben.

Wenn du lang genug klopfst, formen die Salzkörner zahlreiche Brücken zwischen den Flaschenwänden und dem Löffelstiel, der sich fest mit dem Ganzen verbindet.

Warum funktioniert es bei dir und bei mir nicht?

Einige sind eben begabter als andere!

Hähähä

Kann man mit Murmeln Brücken bauen?

Na, funktioniert's?

Ohne Klebepads zwischen den Murmeln ist das sehr schwierig!
Bei den vorherigen Versuchen haben die Ecken und Kanten
der Steine oder der Körner die »Brücken« zusammengehalten.

24. JULI

Sandhaufen, Zuckerhaufen, Salzhaufen.
Sind sie alle gleich?

Leg ein Wischtuch aus Papier auf einen Teller und streu Sand (oder Puderzucker oder feines Salz) durch einen Papiertrichter darauf. Die Körner stapeln sich übereinander, der Haufen wächst.

**Welche Form hat ein kleiner Haufen, welche ein großer?
Mal sie auf.**

Je mehr Körner du hinzuschüttest, desto höher wird der Haufen. Wenn das Gefälle zu steil wird, rollen Körnerlawinen herab. Die Grundfläche des Haufens wird größer, aber das Gefälle bleibt mehr oder weniger immer dasselbe. Hier haben wir ein einfaches Beispiel für ein »selbst organisiertes« System.

25. JULI

Und der Murmelhaufen?

Leg eine Schicht Murmeln auf Luft-
polsterfolie, damit sie nicht wegrollen.
Leg eine zweite Schicht obenauf,
dann eine dritte und so weiter.

Kannst du dein Bauwerk zeichnen?

Wenn du die Murmeln richtig angeordnet hast –
so wie einen Orangenhaufen auf dem Markt – hast du eine
Pyramide gebaut, die der dichtesten Kugelpackung entspricht
(http://de.wikipedia.org/wiki/Dichteste_Kugelpackung)
und deren Gefälle steiler als das des Sandhaufens ist.

26. JULI

Anti-Schwamm-Sand

Füll einen Plastikbecher mit Sand. Schütte Wasser hinzu, bis der Sand gerade so bedeckt ist (siehe Becher links).

Was passiert, wenn du nun die Seiten des Bechers zusammendrückst?

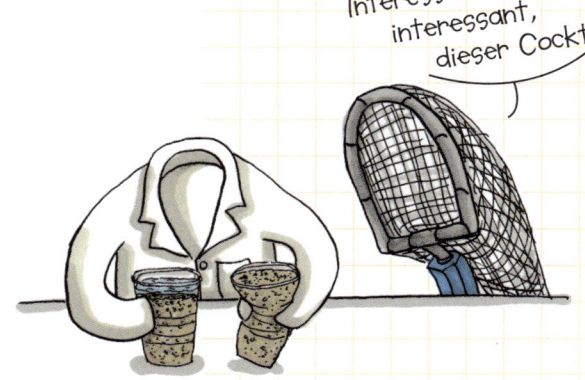

Interessant, interessant, dieser Cocktail ...

Der Sand scheint trockener. Wohin ist das Wasser verschwunden? Vorher haben sich die Sandkörner ganz natürlich aneinandergeschmiegt. Wenn du den Becher aber wie rechts im Bild zusammendrückst, zwingst du die Körner, sich zu bewegen. Jetzt nehmen sie mehr Raum ein und lassen Lücken entstehen, in die sich das Wasser zurückzieht. Deswegen werden die Stellen um deine Füße herum trockener, wenn du bei Ebbe über nassen Sand läufst.

Tauch einen Schwamm in Wasser und drück ihn dann an den Seiten zusammen.
Was kannst du beobachten?

**Worin ähneln sich Sand und Schwamm?
Worin sind sie verschieden?**

Sowohl der Sand als auch der Schwamm können Wasser in ihren Löchern aufsaugen: Sie sind porös. Allerdings tritt die Flüssigkeit wieder aus, wenn du einen mit Wasser durchtränkten Schwamm zusammendrückst. Der Sand dagegen bläht sich auf und scheint trockener zu werden, wie du ja gestern gesehen hast.

28. JULI

Rezept für eine Sandburg

Wie kann man Sand in »Knete« verwandeln?
Wie viele Teile Sand brauchst du dafür
auf einen Teil Wasser?

**Probier es aus und schreibe deine
Schlussfolgerungen auf.**

Eine wissenschaftliche Studie hat acht Teile Sand auf einen Teil Wasser
als die beste Mischung bestimmt. Das Wasser lagert sich
um die Kontaktstellen zwischen den Sandkörnern an und bildet so
Verbindungen, die den Zusammenhalt des Sandes gewährleisten.

Eine Betonburg?

29. JULI

Bau eine Burg, wie gestern. Versuche diesmal aber, die Stabilität und Langlebigkeit deines Bauwerks zu verbessern.

Wie machst du das?

Ich weiß, Kinder, es ist nicht die größte Burg, aber sie ist stabil wie Beton!

Du musst dein Bauwerk ständig befeuchten, um das Verdampfen des Wassers auszugleichen. Du kannst auch wie auf dem Foto ein Stück Faden unter den Sand mischen, das verbessert den Zusammenhalt des Ganzen.

30. JULI

Ein Salzkristall:

Gib drei Löffel Salz in ein Glas mit heißem Wasser und rühr die Lösung um.

Lass sie ein paar Stunden ruhen … Das nicht aufgelöste Salz setzt sich auf dem Boden ab. Gieß jetzt vorsichtig, ohne die Lösung zu viel zu bewegen, etwas von dem Salzwasser aus dem Glas in ein Schälchen. Rühr es nicht mehr an, bis das Wasser verdampft ist.

Notiere die Versuchsbedingungen und deine Beobachtungen dazu.

»Ironie ist das Körnchen Salz, das das Aufgetischte überhaupt erst genießbar macht.«

Johann Wolfgang von Goethe
(deutscher Dichter)

Wenn das Wasser verdampft, sammelt sich das aufgelöste Salz und bildet Minikristalle, die sich in großen – oft würfelförmigen – Haufen ansammeln.

Noch eine Familiengeschichte

31. JULI

Meine Mutter kochte in großen Kesseln Wurzeln, Rinde und Blätter von Bäumen, die aus fernen Ländern stammten und für ihre Heilkraft bekannt waren.

Dann dekantierte, filterte und destillierte sie die kostbaren Sude. Sie war auf der Suche nach jener Substanz, die Kranke wieder gesund werden lässt. Das Ziel war, einen noch unbekannten Kristall zu gewinnen und dessen chemische Formel zu bestimmen. Jeden Abend, wenn wir hörten, wie sich der Schlüssel in der Tür drehte, sprangen meine Schwester und ich auf unsere Mutter zu und fragten: »Na und? Haben sich Kristalle gebildet?«

»*Für Kinderohren klingt das Wort ›Mutter‹ in jeder Sprache magisch.*«

Arlene Benedict
(US-amerikanische Schriftstellerin)

Erzähl die Geschichte weiter.

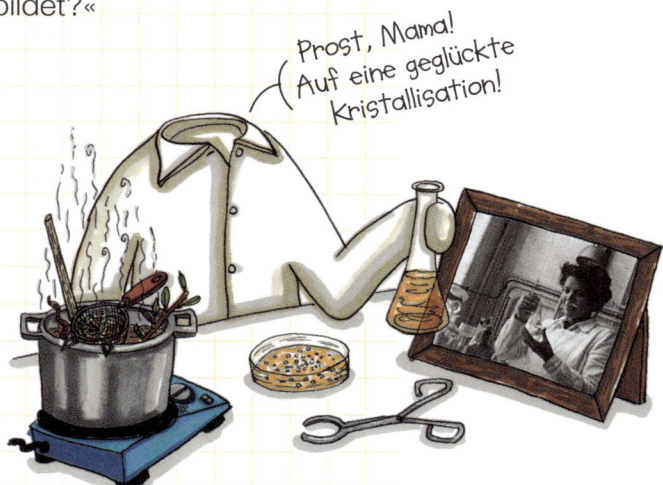

Träume …

1. AUGUST

Meine Zwillinge waren kaum zehn Jahre alt, als sie zum ersten Mal mit Krankheit und Tod einer nahestehenden Person konfrontiert wurden. Um ihnen die Angst zu nehmen, beschrieb ich ihnen die Armeen von Forschern, die Tag und Nacht versuchen, Krankheiten zu verstehen und Heilmittel zu finden. Eine der beiden fragte mich daraufhin arglos und vorwurfsvoll: »Und warum forschst du nicht?«

Träume und stell dir vor, du wirst mit dem Nobelpreis für Medizin ausgezeichnet. Mit welchen Sätzen beginnt deine Rede, die du in Stockholm hältst.

»*Gegen den Tod ist kein Kraut gewachsen.*«

deutsche Redewendung

Chemische Formeln, magische Formeln

Von Zeit zu Zeit, in den Ferien oder wenn wir krank waren, blieb meine Mutter zu Hause und dachte nach. Wie könnte die chemische Formel für diese noch unbekannte Substanz lauten, die sie gerade isoliert hatte? Auf jedem winzigen Stückchen Papier, auf dem Rand einer Zeitung oder auf einer Papierserviette, probierte sie mögliche Formeln aus. Meine Schwester und ich fanden sie, verglichen sie miteinander und dachten uns Spiele aus …

Fehlersuche!
Diese beiden Formeln sind nicht völlig gleich.
Findest du die Unterschiede?

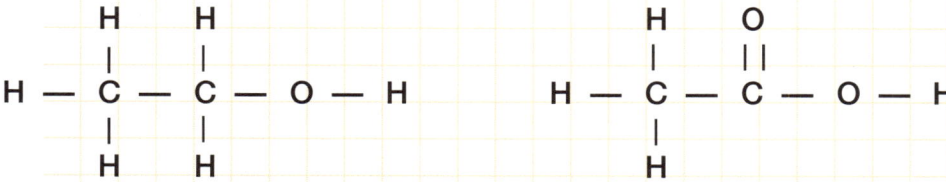

Tausche 2 H gegen ein O aus. Ist das wirklich der ganze Unterschied zwischen Wein (Ethylalkohol – links) und Essig (Essigsäure – rechts)?

Baukastensystem

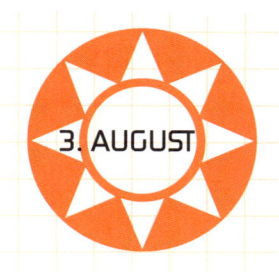

3. AUGUST

Jedes Wasserstoffatom **H** hat einen Arm (1 Strich), jedes Sauerstoffatom **O** hat zwei Arme (zwei Striche) und jedes Kohlenstoffatom **C** hat vier Arme (vier Striche). Wie zeichnet man die Formel einer Verbindung – des Azetons – mit sechs Wasserstoffatomen, drei Kohlenstoffatomen und einem Sauerstoffatom, sodass sich alle die Hand geben?

Und für Anfänger: Wie lautet die Formel von Wasser (2 H und 1 O)? Und die von Kohlendioxid (1 C und 2 O)?

Wasser	Kohlendioxid	Azeton

BRAVO! Ihr seid eine ganz wunderbare Azetonverbindung!

Ich dachte, wir sind im Chemieunterricht und nicht im Zirkus!

4. AUGUST

»Eine nur schwache Flamme verlöscht der Sturm, hat sie schon um sich gegriffen, facht er sie nur stärker an.«

Sophie Mereau
(deutsche Schriftstellerin)

Wieso brennt eine Kerze?

Zünde eine Kerze mit einem Streichholz an und beschreib, was passiert.

Die Streichholzflamme lässt das Wachs schmelzen, das den Docht hochsteigt, dann verdampft und sich durch den Kontakt mit der Luft entzündet: Die Kerze brennt. Das Wachs, das aus Kohlenstoffatomen (C) und Wasserstoff (H) besteht, wandelt sich durch den Sauerstoff (O) in Kohlendioxid (CO_2) und Wasser (H_2O) um. Kann man das sehen? Morgen geht's weiter ...

»Wo Rauch ist, da ist auch Feuer.«

deutsches Sprichwort

Zünde deine Kerze wieder an und halte eine stumpfe Messerklinge in die Flamme.
Was kannst du beobachten?

Wickle anschließend Eiswürfel in Aluminiumfolie, damit sie abkühlt. Halte die Alufolie dann über die Flamme.
Siehst du, wie das kalte Aluminium beschlägt? Was passiert da?

In der Flamme überzieht sich die Messerklinge mit einem schwarzen Film. Dabei handelt es sich um Kohlenstoff, der aus der Zersetzung des verdampften Wachses stammt und der noch nicht in Kohlendioxid umgewandelt wurde. Bei dem feuchten Beschlag auf dem kalten Aluminium handelt es sich um kondensierten Wasserdampf, der entsteht, wenn das Wachs verbrannt wird.

6. AUGUST

Ich habe so stark gepustet, wie ich konnte. Sie geht nicht aus!

Man muss nur zwei Sekunden warten.

Ein Klassiker

Stell eine brennende Kerze in ein mit Wasser gefülltes Schälchen. Stülpe ein Glas darüber, sodass der Glasrand im Wasser steht.

Schreib auf, was du in den nächsten Sekunden beobachtest.

Die Kerze erlischt, weil sie keinen Sauerstoff mehr hat. Das Wasser steigt im Glas nach oben. Der Grund dafür ist aber nicht, dass es den Platz des Sauerstoffs einnimmt, der während der Verbrennung verbraucht wird. Tatsächlich befindet sich der größte Teil dieses Sauerstoffs immer noch im Glas. Und zwar in Form von Kohlendioxid, das ebenfalls Raum einnimmt ... Morgen geht es weiter.

Gegenversuch

7. AUGUST

Wiederhol den Versuch von gestern.
Nimm dasselbe Glas, aber stell diesmal
zwei oder drei Kerzen nebeneinander.
Steigt das Wasser genauso hoch wie gestern?

Wie kannst du dir das erklären?

»Vertrauen ist gut,
Kontrolle ist besser.«

deutsches
Sprichwort

Das Wasser steigt sehr viel höher. Durch die brennende Kerze
wird die ursprünglich im Glas eingeschlossene Luft stark erhitzt.
Erlischt die Kerze, erkaltet die Luft und zieht sich zusammen.
Das Wasser im Glas steigt. Mit drei Kerzen ist die ausgestrahlte Hitze sehr viel größer, die eingeschlossene Luft
sehr viel heißer und der Anstieg des Wasserpegels höher.

Und schon wieder hat der Sauerstoff seine Finger mit ihm Spiel

»Das sich drehende Rad rostet nicht.«

Sprichwort aus der griechischen Antike

Nimm ein paar Nägel und Schrauben, die von einem Magneten angezogen werden, also Eisen enthalten. Tauch sie für ein paar Minuten in Essig, um jegliche Schutzschicht zu entfernen. Leg sie in ein Schälchen und schütte wenig Wasser dazu. Kontrollier dein Experiment stündlich.

Notiere deine Beobachtungen.

Ziemlich schnell erscheint eine rötlich braune Schicht: Es handelt sich um Rost. Das nasse Eisen, das dem Sauerstoff in der Luft ausgesetzt ist, erleidet eine »langsame Verbrennung«. Um das Verrosten von eisenhaltigen Werkzeugen zu verlangsamen, schmiert man sie oft mit Öl ein, das sie vor Feuchtigkeit und Luft schützt.

Wie hält ein Magnet an der Kühlschranktür?

9. AUGUST

Gib einen Tropfen Öl zwischen den Magneten und die Tür.
Hält der Magnet immer noch so gut?
Hat das Öl Auswirkung auf die Kraft des Magneten?

Notiere deine Beobachtungen und versuch eine Erklärung dafür zu finden.

Reibung hindert den Magneten daran, nach unten zu rutschen. Je stärker der Magnet, umso stärker drückt er gegen die Tür, umso stärker die Reibung ... Außer, ein Tropfen Öl verwandelt die Tür in eine Rutschbahn (Schmiermitteleffekt).

10. AUGUST

Warum wechselt man Autoreifen, wenn sie zu glatt geworden sind?

Wie sehen die Sohlen deiner Turnschuhe aus?
Wozu dienen digitale Fingerabdrücke?

Überleg, was diese Fragen gemeinsam haben, und schlag eine Antwort vor.

All diese Dinge haben Rillen auf ihrer Oberfläche. Dadurch kann Flüssigkeit abfließen, die sich zwischen ihnen befindet und wie ein Schmiermittel wirkt. Wären deine Finger ganz glatt, hättest du Schwierigkeiten, einen Gegenstand aufzuheben – vor allem mit feuchten Händen.

Reibung total

Nach einem Spaziergang durch Wiesen und Felder fiel einem Schweizer Ingenieur auf, wie schwierig es war, Distelblüten aus dem Fell seines Hundes zu klauben.

Welche Erfindung war geboren?
Erklär ihre Vorteile im Alltag.

Dank seines Hundes hat dieser Ingenieur den Klettverschluss erfunden, der zwei Oberflächen fest, aber wieder lösbar miteinander verbindet.

12. AUGUST

»Holzhacken ist deshalb so beliebt, weil man bei dieser Tätigkeit den Erfolg sofort sieht.«

Albert Einstein
(deutscher Physiker)

Riss entlang der Schwachstelle

Knick ein Blatt Papier und fahr noch einmal mit dem Finger fest über die Falz.
Zieh anschließend an beiden Seiten des Papiers: Wo entsteht der Riss?

Nimm ein weiteres Blatt Papier und versuch den Riss zu lenken, indem du eine Reihe kleiner Löcher mit einer Stecknadel stichst – genauso wie bei Briefmarken oder auf der Rolle mit Küchenpapier.

Ein Material reißt immer am leichtesten entlang einer fehlerhaften Linie. Um ein Holzscheit zu spalten, zwängt man einen Metallkeil in eine sichtbare Spalte an der Oberfläche. Um eine Glasplatte zu zerschneiden, ritzt man sie zunächst mit einer Diamantenspitze an.

Die müde Büroklammer

Knick eine Büroklammer aus Metall um. Knick sie dann an genau derselben Stelle in die andere Richtung. Wiederhol den Vorgang ... bis die Büroklammer entzweibricht.

Was ist passiert? Versuch es zu erklären.

13. AUGUST

»Der müde Leib findet ein Schlafkissen überall, doch wenn der Geist müde ist, wo soll er ruhen?«

Georg Büchner
(deutscher Schriftsteller, Naturwissenschaftler und Revolutionär, aus: »Leonce und Lena«)

Die »Ermüdung« eines Materials tritt durch einen Riss in Erscheinung, der zum Bruch führen kann. Hervorgerufen wird sie durch wiederholte Verformung.

14. AUGUST

Weich oder hart? Flüssig oder fest?

Schütte ein halbes Glas Wasser in ein Schälchen. Füg unter langsamem und vorsichtigem Rühren nach und nach Maisstärke hinzu, bis du eine zähflüssige Masse erhältst.

Schlag mit einem Löffel auf die Oberfläche der »Flüssigkeit«. Sie prallt zurück! Tauch langsam einen Finger in die »Flüssigkeit« und versuch ihn schnell wieder herauszuziehen.

Denk dir weitere Versuche aus.

Bei aus Mais gewonnener Stärke bildet das Pulver (der Maisstärke) mit Wasser eine Mischung (Suspension), deren Zähflüssigkeit zunimmt, wenn man plötzlich an ihr wackelt, ohne ihren Bestandteilen die Zeit zu lassen, der Bewegung zu folgen. Auf dieser merkwürdigen »Flüssigkeit« kann man sogar laufen:
www.youtube.com/watch?v=f2XQ97XHjVw

Such alle großen und kleinen Bälle, die du zu Hause finden kannst, zusammen

15. AUGUST

Lass sie aus 1 m Höhe auf den Boden fallen und schreibe auf, wie hoch sie springen.

Versuch dasselbe auf einem weicheren Untergrund (Teppich, Sand …) und schreib deine Schlussfolgerungen auf.

»*Das Weiche besiegt das Harte, das Schwache triumphiert über das Starke.*«

Laotse
(chinesischer Philosoph)

Um seine Ausgangshöhe wieder zu erreichen, darf ein Ball beim Aufprall auf den Boden seine Energie nicht verlieren. Bei einem gut aufgeblasenen Ball, der sich nur wenig verformt, ist das der Fall. Wenn der Ball nicht gut aufgeblasen oder der Untergrund weich ist, verformt sich die Oberfläche beim Aufprall und ein Teil der Anfangsenergie geht in Form von Wärme verloren.

16. AUGUST

Höher!

Leg einen Tischtennisball auf einen Tennisball und lass beide gleichzeitig los.

Sie fallen nacheinander, der Tennisball voran.

Was kannst du beobachten?

Der Tischtennisball springt höher zurück als sein Ausgangspunkt! Nach seinem ersten Aufprall trifft der Tennisball auf den Tischtennisball, der immer noch auf dem Weg nach unten ist, und überträgt einen Teil seiner Energie auf ihn. So fliegt der Tischtennisball über seinen ursprünglichen Ausgangspunkt hinaus.

Vorsicht, zerbrechlich!

Wenn du einen Gegenstand auf harten Boden fallen lässt, prallt er entweder zurück, bleibt liegen oder zerbricht.

Nenn ein paar Beispiele und versuch Erklärungen dafür zu finden.

Die meisten Gegenstände prallen nur wenig oder gar nicht zurück. Wenn sie auf dem Boden aufkommen, verformen sie sich und ihre Anfangsenergie verwandelt sich in Wärme. Wenn ihre Verformung die Bruchgrenze überschreitet (zerbrechliche Gegenstände), gehen sie kaputt.

18. AUGUST

Bist du als Thermometer geeignet?

Leg deine flache Hand auf einen Gegenstand aus Holz (z. B. einen Tisch), dann auf einen aus Metall (z. B. einen Topf).

Welcher ist wärmer?

Fass verschiedene Gegenstände an (aus Wolle, aus Plastik, aus Glas etc.) und sortier sie vom wärmsten zum kältesten:

warm

↓

kalt

Kühl deine Hand nun ab, indem du sie für einen Moment um einen Eiswürfel schließt. Leg sie dann erneut auf jeden der Gegenstände.

**Welcher erscheint dir nun am wärmsten?
Welcher am kältesten?**

»Wenn man wissen will, ob das Wasser in einer Schüssel heiß oder kalt ist, muss man den Finger hineinstecken. Darüber zu diskutieren, bringt gar nichts.«

Weisheit aus dem Zen-Buddhismus

Diese Aufgabe ist gar nicht so einfach!

Noch einmal von vorne!

19. AUGUST

All diese Gegenstände von gestern haben Raumtemperatur, dein Körper aber ist 37 °C warm. Wenn du mit deiner warmen Hand einen guten Wärmeleiter (Metall) berührst, erscheint er dir sehr kalt, da er dir DEINE Wärme entzieht. Wenn du ihn mit einer kalten Hand anfasst, erscheint er dir sehr warm, da er dir von SEINER Wärme abgibt.

Ordne deine Gegenstände nach ihrer Leitfähigkeit.

sehr schlechter Leiter

↓

sehr guter Leiter

»Wenn man zwei Stunden lang mit einem Mädchen zusammensitzt, meint man, es wäre eine Minute. Sitzt man jedoch eine Minute auf einem heißen Ofen, meint man, es wären zwei Stunden. Das ist Relativität.«

Albert Einstein
(deutscher Physiker)

Auch ohne Hände ... ist meine Reihenfolge richtig?

Im Großen und Ganzen leitet Kupfer Wärme zehn Mal besser als Stahl, hundert Mal besser als Marmor, tausend Mal besser als Holz und zehntausend Mal besser als Wolle.

Geh nach draußen

Wie lange kannst du unbeweglich stehen bleiben, ohne dass dir kalt wird?

Was glaubst du, wie lange du bei gleicher Temperatur im Wasser ausharren könntest? Kürzer oder länger?

Weißt du, warum?

Sehr gut, meine kleinen Moleküle! Jetzt machen wir eine Simulation im Wasser ... rückt näher zusammen!

Wenn dein warmer Körper in kaltes Wasser eintaucht, richten sich die Moleküle der Flüssigkeit im »Konvektionsstrom« aus.
Beim Kontakt mit deiner Haut entziehen sie dir Wärme und tragen sie mit sich fort. In der Luft machen die Gasmoleküle dasselbe, aber da sie nicht so zahlreich sind (Luft ist sehr viel weniger dicht als Wasser), wird dir nicht so schnell kalt.

Braucht ein Hund eine Jacke?

Was glaubst du, wozu Kleidung dient und
wozu das Fell oder die Federn eines Tieres?

21. AUGUST

Ich versuche, das arme Thermometer aufzuwärmen.

Wie ein Schutzwall verhindern Kleidung, Fell oder Federn, dass
Konvektionsströme entstehen. Wenn es sehr kalt wird, plustern
die Vögel ihr Gefieder auf ... und wir bekommen eine Gänsehaut.

22. AUGUST

Eins gefriert schnell, das andere nicht

Füll zwei Gläser zur Hälfte mit Leitungswasser. Gib in eines einen Löffel Salz hinzu. Stell beide in den Gefrierschrank und kontrollier sie alle fünfzehn Minuten.

Welches gefriert zuerst? Welche Ähnlichkeiten, welche Unterschiede kannst du zwischen den beiden Gläsern feststellen?

Das Leitungswasser gefriert zuerst – und zwar sobald es 0 °C erreicht hat. Das Salzwasser gefriert später, also bei einer tieferen Temperatur. Dabei bilden sich zahlreiche kleine Eiskristalle. Sie werden durch salzhaltige Zonen miteinander verbunden und deswegen wird das Wasser undurchsichtig.

Kälte nach altem Rezept

Wickle ein Dutzend Eiswürfel in ein Geschirrtuch und schlag mit einem Hammer darauf.
Schütte das so zerkleinerte Eis in eine Schüssel und füg drei Handvoll Salz hinzu. Vermisch das Ganze. Durch das Salz sinkt die Temperatur deiner Kältemischung deutlich unter 0 °C.

Nutz die Gelegenheit um dein eigenes Speiseeis herzustellen, und schreib dein Rezept auf.

Die Temperatur einer Mischung aus zerstoßenem Eis und flüssigem Wasser liegt bei 0 °C. Fügt man Salz hinzu, schmilzt ein Teil des verbliebenen Eises, wodurch die Mischung auf eine Temperatur deutlich unter 0 °C abkühlt. Man sagt, dass das Speiseeis unter der Tang-Dynastie (618 bis 907 n. Chr.) in China erfunden wurde.

Ich habe Schokoladeneis gemacht.

Und ich Erdbeereis!

Für meins mit Pizzageschmack brauche ich kein Salz!

24. AUGUST

Gabriel traf eine merkwürdige Entscheidung

Anfang des 18. Jahrhunderts legte Gabriel Fahrenheit eine Skala für seine Thermometer fest.
Dazu beschloss er Folgendes:

- als Nullpunkt (0 °F) legte er die tiefste Temperatur fest, die man erzeugen kann, wenn man Salz und gestoßenes Eis vermischt;
- 32 °F sollten den Thermometerstand angeben, den man ablesen kann, wenn man ein Thermometer in reines Eiswasser hält.

Hält man das Thermometer in kochendes Wasser, klettert es darum aber noch mal um 180 Grad (Fahrenheit) höher und erreicht 212 °F.

In welchen Ländern verwendet man diese Temperatureinheit immer noch im Alltag?

»Der August muss Hitze haben, sonst Obstbaumsegen wird begraben.«

    Bauernweisheit

Es geht auch einfacher

Etwa zwanzig Jahre später, schlägt Anders Celsius die uns bekannte Termpteratureinteilung in Grad Celsius vor: 0 °C für Eiswasser und 100 °C für kochendes Wasser.

Du kommst in New York an und die Temperatur beträgt 70 °F. Wie rechnest du um?

Du fühlst dich fiebrig und das amerikanische Thermometer zeigt 100 °F. Ist das normal?

»Manche Menschen gewöhnen es sich derart ab, eine eigene Meinung zu haben, dass sie erst das Thermometer befragen müssen, bevor sie sagen können, ob es ihnen warm oder kalt ist.«

anonym

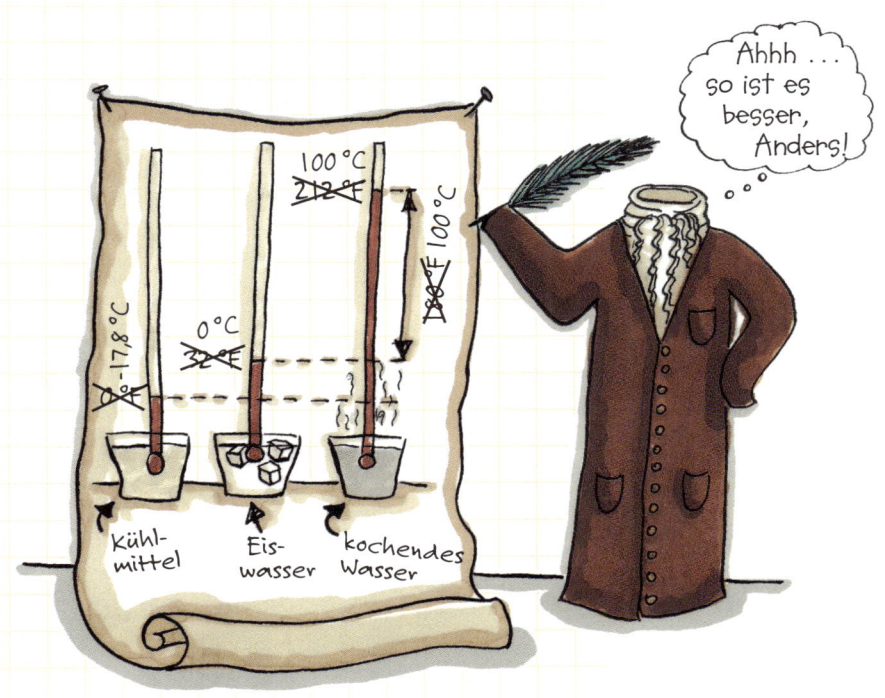

Temperatur in Celsius = [Temperatur in Fahrenheit − 32] · $\frac{5}{9}$

In New York hat es etwa 21 °C und du hast 37,8 °C Fieber – kein Grund zur Sorge.

26. AUGUST

Warmer und kalter Atem

Puste sowohl mit gespitzten Lippen als auch mit offenem Mund auf deinen Handrücken.

Was spürst du? Hast du eine Erklärung dafür?

»Kalte Hände, warmes Herz.«

Sprichwort aus Quebec

Dein Handrücken und die mit ihm in direktem Kontakt stehende Luft sind ein bisschen wärmer als Raumtemperatur, aber ein bisschen kälter als die Temperatur in deinem Mund. Wenn du mit gespitzten Lippen pustest, entsteht ein Luftzug, der die Luft um deine Hand herum vertreibt und durch kältere Luft ersetzt. Wenn du mit offenem Mund pustest, gelangt Luft mit der Temperatur aus deinem Mund auf deine Hand.

Wieso wird Suppe durch Pusten kälter?

Puste noch einmal mit gespitzten Lippen auf deinen Handrücken. Tupf diesmal deine Hand aber vorher mit einem nassen Küchenpapier ab oder noch besser mit Alkohol zum Desinfizieren.

Was stellst du fest? Wie kannst du es dir erklären?

Wenn Wasser verdampft, entzieht es seiner Umgebung Wärme und kühlt sie so ab. Pustest du auf deine Suppe, vertreibst du die bereits verdampften Wassermoleküle. Dadurch wird Platz gemacht für weitere und der Prozess beschleunigt sich. Alkohol verdampft schneller als Wasser, weswegen der Kälteeindruck deutlicher ist.

28. AUGUST

Wie trocknest du deine Haare?

Erst rubbelst du sie trocken und dann?

**Erklär das Prinzip deines Föhns.
Warum wärmt er? Warum trocknet er?**

»Nichts trocknet schneller als eine Träne.«

Apollonius von Rhodos
(Dichter und Bibliothekar in Alexandria)

Um einen feuchten Gegenstand zu trocknen, muss man das flüssige Wasser, das ihn umgibt, zum Verdampfen bringen. Erhitzt man dieses flüssige Wasser, so steigt die Anzahl der Moleküle, die in den gasförmigen Zustand übergehen. Durch das Gebläse werden diese Moleküle vertrieben, damit sie anderen Platz machen.

Sieh dir deinen Spiegel nach dem Baden oder Duschen an

Warum ist er beschlagen? Halte mit einer Hand ein umgestülptes Glas auf den Spiegel – egal wo. Mit der anderen Hand richtest du deinen eingeschalteten Föhn auf den Spiegel, um die restliche Fläche zu trocknen.

Notiere deine Beobachtungen.

Das warme Wasser, das du zum Duschen aufgedreht hast, hat eine Menge Wasserdampf freigesetzt. Trifft er auf kältere Oberflächen, kondensiert er. Auf dem Spiegel siehst du den Dampf in Form von winzigen Tröpfchen, weil das Licht dort nicht mehr wie auf einem trockenen Spiegel reflektieren kann.
Mit deinem Föhn kannst du die Tröpfchen verdampfen lassen – bis auf den Bereich, der durch das Glas geschützt ist.

30. AUGUST

Woher kommt der Regen?

Bedeck eine große Schüssel, in die du etwas warmes Wasser geschüttet hast, mit einer Klarsichtfolie. Leg einen Eiswürfel oben auf die Folie und fass das Ganze nicht mehr an.

Schreib alle fünf Minuten auf, was du siehst.

»Es regnet, es regnet, die Erde wird nass …«

Kinderlied

Im kältesten Bereich (unter dem Eiswürfel) kondensiert der Wasserdampf am schnellsten. Dicke Wassertröpfchen entstehen, die schließlich herunterfallen. Auf der Erde wird das flüssige Wasser von der Sonne erwärmt, verdampft, steigt nach oben in kältere Regionen und kondensiert in Tröpfchen, die Wolken bilden. Wenn sie zu schwer werden, fallen sie herab: Es regnet.

Verdampfung + Kondensation = Destillation

Stell in die Mitte einer Schüssel ein kleines leeres Glas und gieß etwas Salzwasser darum herum.
Bedeck die Schüssel mit einer Klarsichtfolie –
sie darf das Glas nicht berühren.
Leg Kieselsteine in die Mitte der Folie, damit sie sich zum Glas hin hinunterwölbt, und stelle das Ganze in die Sonne.

Kannst du genug Süßwasser im Glas sammeln, um deinen Durst zu löschen?

Das Wasser in der Schüssel (aber nicht das Salz!) wird von der Sonne erwärmt, verdampft und kondensiert auf der Folie.
Durch das Gefälle wandern die Tropfen in die Mitte.
Wenn sie schwer genug sind, fallen sie ins Glas.

SEPTEMBER

Ende der Schulferien

1. SEPTEMBER

Ein Rätsel, um wieder in Schwung zu kommen. Zeichne vier gerade Linien durch die neun Punkte in der Abbildung, ohne dabei den Stift abzusetzen.

Als kleine Hilfe: Du bestimmst die Länge der geraden Linien.
Die Antwort findest du am 1. Oktober.

»Geh nicht, wohin der Weg führen mag, sondern dorthin, wo kein Weg ist, und hinterlass eine Spur.«

Jean Paul
(deutscher Schriftsteller)

2. SEPTEMBER

Erste Lektion

In einer Stadt aus KITTELN macht es doch mehr Sinn, nach der Anzahl der Waschsalons zu fragen, oder?

→ Friseursalons – Wie viele?

> »Man kann einen Menschen nichts lehren, man kann ihm nur helfen, es in sich selbst zu entdecken.«
>
> **Galileo Galilei**
> (italienischer Philosoph, Mathematiker, Physiker und Astronom)

Enrico Fermi, einer der bekanntesten Physiker des 20. Jahrhunderts, hatte die Angewohnheit, seine Schüler schätzen zu lassen, wie viele Friseursalons es an ihrem Wohnort gibt.

Stell dich dieser Aufgabe und erklär, wie du bei deiner Schätzung vorgehst.

Geh von der Einwohnerzahl deiner Stadt aus. Schätz mal, wie oft sie im Jahr zum Friseur gehen; wie viele Kunden ein Friseur pro Jahr bedienen kann; wie viele Friseure im Durchschnitt in einem Friseurladen arbeiten, etc. Eine der wichtigsten Fähigkeiten eines Wissenschaftlers besteht darin, die relevanten Fragen bei der Analyse eines Problems zu finden.

Kannst du schätzen, wie viele Liter Wasser du durchschnittlich pro Tag verbrauchst?

3. SEPTEMBER

Vergesst in eurer Berechnung das Wasser der Klospülung nicht!

Zum Trinkwasser, das du direkt trinkst (1 bis 2 l) oder mit dem du dich wäschst (fast 100 l pro Dusche!), kommt das Wasser für die Waschmaschine und den Abwasch hinzu sowie das Gießwasser, damit das, was du essen willst, auch wachsen kann ... Ein Nordamerikaner verbraucht pro Tag durchschnittlich 500 l Wasser, ein Europäer etwa 300 l und ein Afrikaner zwischen 10 und 20 l!

4. SEPTEMBER

Ein schwarz-weißes Experiment

Füll eine Schüssel mit Wasser und bestäub die gesamte Oberfläche mit gemahlenem Pfeffer. Gib einen Tropfen Spülmittel hinzu.

Was passiert?

Der Pfeffer wird von dem Seifenfilm, der sich schnell auf dem Wasser ausbreitet, an den Rand gedrängt. Wassertropfen ziehen sich nämlich untereinander an, versuchen aber, ihren Kontakt mit der Luft möglichst gering zu halten. Seifenmoleküle besitzen dagegen eine Seite, die vom Wasser angezogen wird, und eine, die von der Luft angezogen wird. Sie bilden also eine Schutzschicht zwischen Wasser und Luft.

Dasselbe in bunt

5. SEPTEMBER

Gib ein paar Tropfen verschiedener Lebensmittelfarben auf eine mit Milch gefüllte Untertasse.

Füg einen Tropfen Flüssigseife hinzu und bewundere das Schauspiel.

»Ich kann nichts dafür, dass meine Bilder sich nicht verkaufen lassen. Aber es wird die Zeit kommen, da die Menschen erkennen, dass sie mehr wert sind als das Geld für die Farbe.«

Vincent van Gogh
(niederländischer Maler)

Die Seifenschicht breitet sich aus und verdrängt die gefärbten Flächen, die sich vermischen.

6. SEPTEMBER

Wir machen Seifenblasen im Freien

Misch in einer großen Schüssel 250 ml Spülmittel, 3 l Wasser und einen Löffel Glyzerin (aus der Apotheke). Tauch eine Schlinge aus dickem Stoff hinein.

Heb sie vorsichtig heraus, sodass sich eine dünne Haut innerhalb der Schlinge bildet. Nun puste und mach eine große Seifenblase.

Probier es mit allen möglichen Schlingen (mit Wolle umwickeltem Eisendraht, Bindfaden etc.), die etwas von der Flüssigseife aufsaugen können.

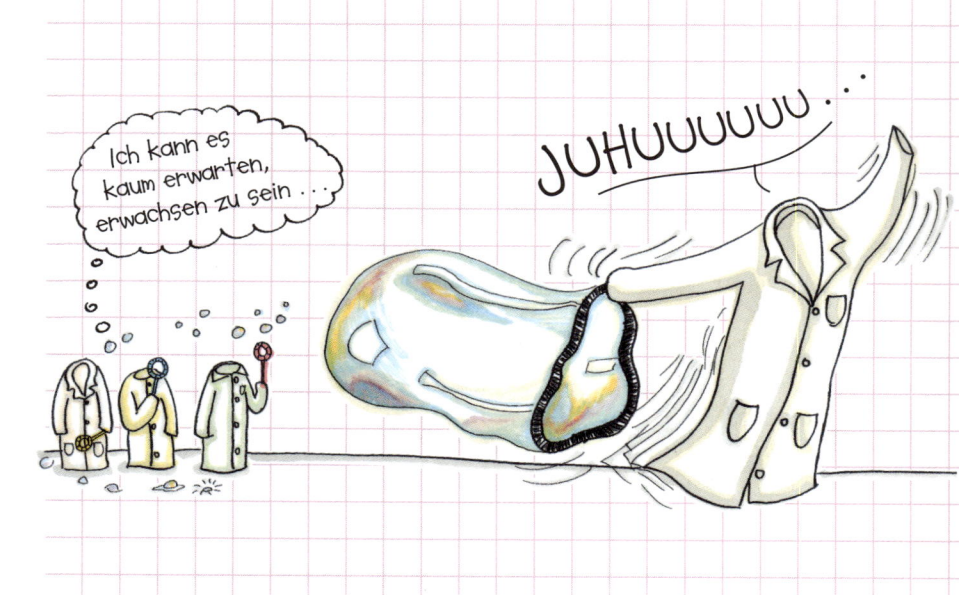

Woraus besteht die Wand einer Seifenblase?

7. SEPTEMBER

Besteht sie aus Wasser, aus Seife oder aus einer Mischung von beidem? Und warum reißt sie?

Zeichne die Seifenmoleküle, die sich um die Wasserschicht anlegen, damit sie vor Luft geschützt ist.

Die Seifenmoleküle ordnen sich im rechten Winkel zur Wasserschicht an. Dabei zeigt ihr Kopf zum Wasser, sodass ihr Schwanz die Luft berührt. Läuft das Wasser nach und nach ab, wird die Wand der Seifenblase immer dünner und reißt.

8. SEPTEMBER

Zauberseife

Füll ein Einmachglas zur Hälfte mit Wasser
und füg ein bisschen Öl hinzu.
Verschließ das Glas und schüttle es.
Was passiert mit dem Öl?

Gib ein paar Seifenraspel oder etwas Spülmittel dazu.
Was passiert?

Ohne die Seife weigert sich das Öl, sich zu vermischen. Da es eine geringere Dichte als Wasser hat, sammelt es sich an der Oberfläche. Die Seifenmoleküle wickeln die Öltropfen jedoch mit ihrem Schwanz ein – ihr Kopf zeigt dabei ins Wasser. Die Öltropfen vermischen sich also mit dem Wasser und du kannst sie ausspülen. Dein Glas ist sauber.

Wie wäscht Wasser?

9. SEPTEMBER

Halte deine dreckigen Hände unter Wasser und
reib sie – wenn nötig – ein wenig gegeneinander …
Welcher Schmutz geht ab, welcher Schmutz bleibt?

Gib etwas Seife hinzu, sie entfernt den Rest!
Weißt du, warum?

Aller Schmutz, ob trocken oder feucht, der sich in den Furchen
deiner Hände befindet, lässt sich entfernen, wenn du sie ein wenig
unter laufendem Wasser reibst. Doch aller Schmutz, der in Öl
oder Fett eingeschlossen ist, vermischt sich nicht mit Wasser
und wird daher nicht beseitigt … außer, du seifst deine Hände ein.

10. SEPTEMBER

Ab in die Küche

Gib ein Eigelb in eine kleine Schüssel. Das Eigelb enthält Wasser und Lezithin (ein Molekül, das die Verbindung zwischen Wasser und Öl herstellt). Füg tropfenweise Öl hinzu und rühr dabei kräftig mit einer Gabel um.

Kannst du erklären, wie Mayonnaise dickflüssig wird. Zeichne dazu eine Emulsion, d. h. einige Tröpfchen Öl, umhüllt von Lezithin, fein verteilt in ganz wenig Wasser.

Das Öl muss tropfenweise hinzugefügt werden, damit die Gabel genug Zeit hat, es in feine Tröpfchen zu teilen, die das Lezithin leicht umhüllen kann. Die Mayonnaise gerinnt, wenn die feinen Tröpfchen sich in dicken Öltropfen ansammeln und sich nicht mit dem Wasser verbinden wollen.

Mayonnaise ohne Ei?

Welche Rolle spielt das Ei in der Mayonnaise? Wodurch kann man es ersetzen? Nein, keine Seife. Versuch es mit etwas anderem.

Notiere deine Beobachtungen.

11. SEPTEMBER

»Wer nicht wenigstens ein bisschen zaubern kann, sollte sich gar nicht erst ins Kochen einmischen.«

Colette
(französische Schriftstellerin)

Hier ein Rezeptbeispiel,
um eine stabile Wasser-Öl-Emulsion zu erhalten:
www.chefkoch.de/rezepte/302561110451528/Mayonnaise-ohne-Ei.html

12. SEPTEMBER

Die Verrenkungen einer Wasserfläche

Halte die Rückseite eines Löffels unter einen Wasserstrahl aus dem Wasserhahn.

Zeichne auf, welche Form die Wasserfläche annimmt, je nachdem, wie der Löffel ausgerichtet und wie stark der Wasserstrahl ist.

Die Wasserfläche läuft über die Rückseite des Löffels und fällt glockenförmig nach unten, um den Kontakt mit der Luft möglichst gering zu halten.

Stell den Wasserhahn so ein, dass er tröpfelt

13. SEPTEMBER

Zähl, wie viele Tropfen in einer Minute fallen. Und wie viele Tropfen sind notwendig, um das kleinste Gefäß, das du finden kannst, zu füllen? Wiederhol das Experiment mehrere Male.

**Fallen die Tropfen regelmäßig?
Sind sie gleich groß?**

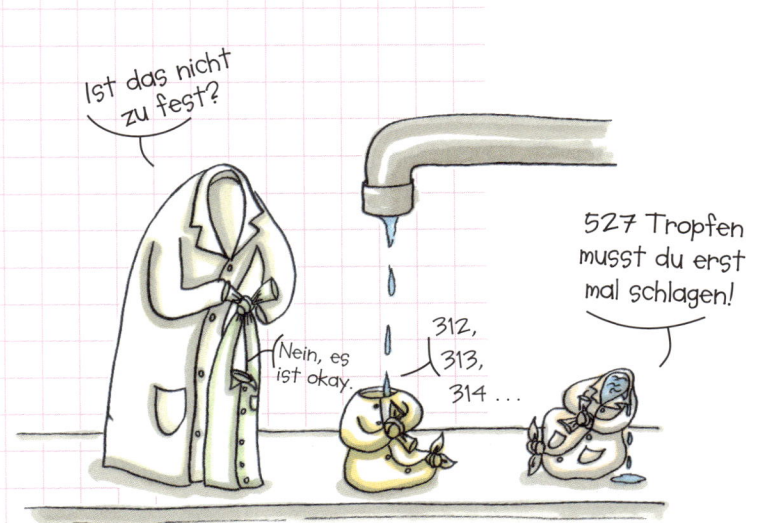

Um den Kontakt mit der Luft möglichst gering zu halten, hängt der Tropfen so lange am Wasserhahn und wächst, bis sein Gewicht ihn zu Fall bringt. Bleibt der Wasserfluss gleich, tröpfelt der Hahn regelmäßig. Dieses Verfahren setzt man auch im Garten (wirtschaftliche Bewässerung) und in der Medizin (intravenöse Infusion) ein.

14. SEPTEMBER

Fädle Wasserperlen auf

Nimm einen Nylonfaden (oder einen normalen, mit einer dünnen Ölschicht bestrichenen Faden). Zieh ihn durchs Wasser und sieh ihn dir an.

Welche Form hat das am Faden hängende Wasser? Beschreibe, was du siehst.

Das Wasser hat sich in Tropfenform am Faden angesammelt. So wird der Oberflächenkontakt zwischen Wasser und Luft gering gehalten. In nebligen Gegenden spannt man Nylonnetze, um die Kondensation der Wassertropfen zu unterstützen, die anschließend in Zisternen aufgefangen werden.

Märchen und Legenden

15. SEPTEMBER

Sie bestimmten meine Kindheit, sind immer noch da, verborgen in einem Winkel meiner Erinnerung, und kommen bei jeder Gelegenheit ans Tageslicht.
Diese hier stammt aus China:

Es war einmal eine wählerische Prinzessin, die die Schönheit eines Wasserstrahls an einem Springbrunnen bewunderte und daraufhin um jeden Preis ein Diadem aus Wasserperlen ihr Eigen nennen wollte. Nacheinander wurden alle Goldschmiede des Königreichs herbeigerufen. Unter Androhung der Todesstrafe sollten sie die Prinzessin zufriedenstellen, aber keinem gelang es. Bevor es zu einem Blutbad kam, erklärte sich ein junger Hirte freiwillig bereit. Er stellte nur eine Bedingung.
»Im Voraus bewilligt«, sagte der König. Die Prinzessin möge ihm die Perlen, die er auffädeln soll, selbst bringen.

Es war einmal ein sehr wählerischer Kittel, der seinen Kittel nur mit H_2O-Knöpfen schließen wollte ...

Versuch dich an ein Märchen zu erinnern oder eins zu erfinden, in dem der Held oder die Heldin schlau genug ist, um einer Dummheit oder einer Grausamkeit die Stirn zu bieten.

16. SEPTEMBER

Weg mit den Wänden!

Lass einen Tischtennisball in einem vollen Wasserglas schwimmen. Er wird sich an die Glaswand schmiegen.

Wie kannst du ihn in die Glasmitte treiben, ohne ihn anzufassen?

Mach das Wasserglas vorsichtig randvoll.
Bevor es überläuft, wird sich die Oberfläche des Wassers wölben.
Der Ball treibt so in die Glasmitte.

Karte in der Schwebe

17. SEPTEMBER

Füll ein kleines Einmachglas in der Spüle randvoll mit Wasser. Leg eine Spielkarte darüber und dreh das Ganze um.
Warum fällt die Karte nicht runter?

Versuch eine Erklärung zu finden.

Die Wassermoleküle, die auf keinen Fall mit Luft in Berührung kommen wollen, halten mit solcher Kraft an der Karte fest, dass diese ans Glas »festgeklebt« scheint (man nennt das Kapillarwirkung).

18. SEPTEMBER

Steigendes Wasser

Bedeck den Boden eines Einmachglases mit Wasser und füg einen Tropfen Lebensmittelfarbe hinzu.
Leg einen Zahnstocher quer über den Glasrand.
Dann schneidest du einen Streifen vom Wischpapier (Küchenrolle) ab, faltest ihn in der Mitte und legst ihn rittlings darauf, sodass seine Enden ins Wasser hängen.

Schreib deine Beobachtungen in regelmäßigen Zeitabständen auf.

Das gefärbte Wasser steigt den Papierstreifen hinauf. Papier besteht nämlich aus Pflanzenfasern, die Wassermoleküle stark anziehen – und zwar aufgrund der Kapillarwirkung. Dadurch lässt sich auch zum Teil erklären, warum Pflanzensaft in Stängeln hochsteigt.

Diese Kapillarwirkung ist lustig!!!

Mit Wasser durchtränkt oder nicht?

19. SEPTEMBER

Leg eine Nadel auf ein Stückchen von der Küchenrolle und setz das Ganze vorsichtig in eine mit Wasser gefüllte Schüssel.

**Was passiert mit dem Tuch?
Und mit der Nadel?
Schreib deine Beobachtungen auf.**

»Wenn du nicht tanzen willst, sag, dass der Boden nass ist.«

malaiisches Sprichwort

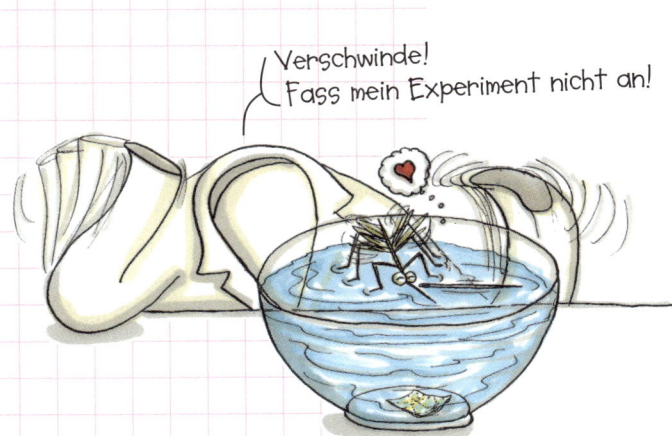

Aufgrund der Kapillarwirkung wird das Wischpapier vom Wasser »durchtränkt« und sinkt auf den Boden der Schüssel. Obwohl die Nadel eine größere Dichte als Wasser hat, schwimmt sie auf der Oberfläche, da Wasser Metall nicht durchtränken kann. Die Wasseroberfläche biegt sich unter dem Gewicht der Nadel leicht durch, aber sie hält! Zahlreiche Insekten können auf diese Art auf dem Wasser »tanzen«.

20. SEPTEMBER

Mischen, ohne umzurühren

Füll ein Einmachglas mit kaltem und eins mit warmem Wasser und gib in beide ein paar Tropfen Lebensmittelfarbe hinein.

Beschreibe, was du siehst. Wie lange dauert es, bis das warme Wasser komplett eingefärbt ist? Und wie lange dauert es beim kalten Wasser?

Die Wassertemperatur ist ein Maß für die Bewegungen der Moleküle, aus denen das Wasser besteht. Je wärmer es ist, umso mehr bewegen sich die Moleküle und umso schneller vermischt sich die Farbe.

Hat kaltes Wasser eine größere Dichte als warmes?

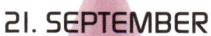

21. SEPTEMBER

Füll zwei Einmachgläser mit gleichem Durchmesser bis zum Rand mit Wasser. Eins mit warmem, eins mit kaltem Wasser.
Gib in jedes einen Tropfen unterschiedlicher Lebensmittelfarbe. Leg eine Spielkarte über das warme Einmachglas, dreh es um und stell es auf das kalte Glas. Zieh anschließend die Karte weg.

Vermischt sich das Wasser aus den beiden Gläsern? Und wenn du nun deine Gläserpyramide umdrehst, sodass sich das Glas mit dem kalten Wasser oben befindet? Notiere deine Beobachtungen.

»Eine verbrühte Katze scheut das kalte Wasser.«

franzöisches Sprichwort

Ich sehe zwei Kittel, die es nicht schaffen zusammenzuarbeiten. Wenn ich meine Kristallkugel umdrehe, wird euch endlich ein Experiment gelingen!

Kaltes Wasser hat eine größere Dichte als warmes Wasser. Wenn es sich im unteren Glas befindet, bleibt es dort und vermischt sich nicht mit dem warmen Wasser. Wenn du die Gläser umdrehst, vermischt sich das Wasser sehr schnell.

Die warmen Meeresströmungen (wie zum Beispiel der Golfstrom) bleiben, bevor sie sich abkühlen und vermischen, an der Oberfläche und durchqueren so einen ganzen Ozean.

22. SEPTEMBER

Wir machen Wellen

Füll die größte Pfanne, die du zu Hause findest, zur Hälfte mit Wasser. Lass dann einen Tropfen Wasser in die Mitte fallen. Beschreibe die kleine Welle, die du erschaffen hast. Versuch ihre Ausbreitungsgeschwindigkeit zu schätzen. Lass den Tropfen auch an einer anderen Stelle in die Pfanne fallen.

Schreib deine Beobachtungen auf.

»Ruhm ist wie eine Welle, die sich kreisförmig immer weiter ausdehnt, so lange, bis sie von selbst wieder verschwindet.«

William Shakespeare
(englischer Dichter und Dramatiker)

Die kreisförmige Wellenbewegung, die du hervorgerufen hast, bricht sich am Rand und läuft wieder in der Mitte zusammen. Wenn der Tropfen nicht genau in der Mitte fällt, läuft die Welle an einem anderen Punkt wieder zusammen. Die Geschwindigkeit der Welle bewegt sich in einer Größenordnung von 20 bis 30 cm/s.

Du weißt, dass man Wasser auch einfacher zum Kochen bringen kann ...

Kannst du auch andere Wellen hervorrufen?

23. SEPTEMBER

Leg sechs Murmeln in den Falz eines großen aufgeschlagenen Buches, das du quer vor dir liegen hast. Schnips mit dem Finger eine weitere Murmel gegen die Murmel links außen. Beobachte und notier die Bewegung jeder einzelnen Murmel.

Was passiert, wenn du rechts an die Murmeln einen schweren Gegenstand legst (z. B. den Kopf eines Hammers)?

Die Bewegungsenergie der Murmel, die du mit dem Finger gegen die ganz linke geschnipst hast, setzt sich durch die anderen Murmeln hindurch fort – und zwar bis zur Murmel außen rechts, die wegkullert. Stößt sie anschließend auf ein schweres Hindernis, macht sie kehrt: »die Welle bricht«.

24. SEPTEMBER

Ton und Licht

Geh mit einem Freund, der mit einer Taschenlampe bewaffnet ist, draußen auf flachem Gelände spazieren. Entfernt euch etwa 150 m voneinander. Genau in dem Moment, in dem dein Freund die Taschenlampe anknipst, soll er gleichzeitig laut schreien.

Siehst du das Licht und hörst du den Schrei zur selben Zeit? Wiederholt das Experiment mehrere Male. Notiere deine Beobachtungen.

Das Licht, das sich mit einer Geschwindigkeit von 300 000 km/s ausbreitet, erreicht dich fast augenblicklich. Es überbringt dir das Startzeichen für den Ton. Dieser ist sehr viel langsamer und legt 340 m in der Sekunde zurück. Der Schrei deines Freundes erreicht dich also etwa eine halbe Sekunde später als das Licht.

Eine Frage der Zeit

25. SEPTEMBER

Meine Schwester und ich verbrachten den September in einem alten Herrenhaus auf dem Land. Unser Zimmer befand sich in der Turmspitze. Ein idealer Ort, um Prinzessin zu spielen, aber furchterregend bei Gewitter. Wenn die Blitze den Himmel zerrissen, zählten wir die Sekunden, eins, zwei, drei ... bevor wir den Donner hörten. Uff! Er war noch mehr als einen Kilometer weit weg. Aber wenn er näher kam, wenn der Donner gleich nach dem Blitz zu hören war, bekamen wir Angst und rasten in den Keller.

»Donner ist gut und eindrucksvoll, aber die Arbeit leistet der Blitz.«

Mark Twain (US-amerikanischer Schriftsteller)

Wieso blitzt und donnert es bei Gewitter?

Sehr gut! Sie geht von selbst an!

Wenn sich in einer Wolke genug elektrische Ladung angesammelt hat, entlädt diese sich plötzlich und fährt zur Erde. Auf ihrem Weg durch die Luft entstehen Licht (Blitz) und gleichzeitig eine akustische Welle (Donner).

26. SEPTEMBER

»In der Fixigkeit war ich dir über, aber in der Richtigkeit warst du mir über.«

Fritz Reuter
(deutscher Dichter und Schriftsteller)

Stelle dir vor, dein GPS empfängt von einem Satelliten folgende Botschaft:

»Hier Satellit A, Botschaft losgesandt um x Uhr, von einem Punkt auf dem x-sten Breitengrad, Längengrad und x-ster Höhenlage.«
Anhand seiner Uhr berechnet dein GPS, dass das Signal zum Beispiel eine Zehntelsekunde gebraucht hat, um bei dir anzukommen. Da das Signal 300 000 km pro Sekunde zurücklegt, befindest du dich also 30 000 km vom Satelliten A entfernt.

Reicht das aus, um deinen Standort zu bestimmen?

GPS, mein liebes GPS, kannst du mir helfen, meine Freunde, die Kittel, wiederzufinden?

Nein, du weißt nur, dass du dich in einer bestimmten Entfernung zum Satelliten A befindest, also »irgendwo« auf einer Kugelfäche, deren Mittelpunkt er ist.

Wie kannst du die Ergebnisse deines GPS verbessern?

27. SEPTEMBER

Denk darüber nach und schreibe deine Schlussfolgerungen auf.

Es reicht nicht aus, das Signal von nur einem Satelliten zu empfangen. Es müssen mindestens drei Satelliten A, B und C sein. Wenn du nämlich weißt, dass du dich innerhalb einer ersten Kugelfläche mit dem Mittelpunkt A und einer zweiten mit dem Mittelpunkt B und schließlich einer dritten mit dem Mittelpunkt C befindest, kannst du deinen Standort ziemlich genau bestimmen. Allerdings rechnet dein GPS den Radius nach seiner Uhr – und die ist nicht präzise genug. Morgen erfährst du, warum es deinen Standort trotzdem bis auf 10 m genau bestimmen kann.

28. SEPTEMBER

Versetz dich in die Haut eines GPS

Wenn du weißt, dass ein Punkt M sich 7 cm von A entfernt befindet, 4 cm von B und 5 cm von C, wie kannst du dann seine Lage bestimmen? Mit einem Zirkel natürlich. Versuch es.

Funktioniert's?

✯ C

A ✯

✯
B

Wer will als Erster in die Haut eines GPS schlüpfen?

Ups, da stimmt etwas mit den Entfernungen nicht! Versuch es noch einmal und füge an jeder Strecke 5 mm an. Klappt's? Die Antwort folgt morgen.

Klappt nicht! Wir haben in die falsche Richtung korrigiert!

29. SEPTEMBER

Heute ziehst du von jeder Strecke 5 mm ab und versuchst die Lage eines Punktes M mit 6,5 cm Entfernung von A, mit 3,5 cm von B und mit 4,5 cm von C zu bestimmen.

Klappt es jetzt?

☆ C

A ☆

☆
B

Dein GPS berechnet ständig die Entfernungen zwischen ihm und vier Satelliten. Da seine Uhr aber nicht genau genug funktioniert, sind seine Ergebnisse alle ein bisschen falsch. Der Rechner deines GPS führt so lange mehrere Versuche durch, bis er den kleinsten Bereich für die Standortbestimmung gefunden hat. Genauso wie mit dem Punkt, den du heute gefunden hast.

30. SEPTEMBER

Wozu braucht man ein GPS?

Zurzeit wird ein GPS vor allem im Auto verwendet, um den Fahrer zu lotsen.

Kennst du oder kannst du dir andere Verwendungsmöglichkeiten vorstellen?

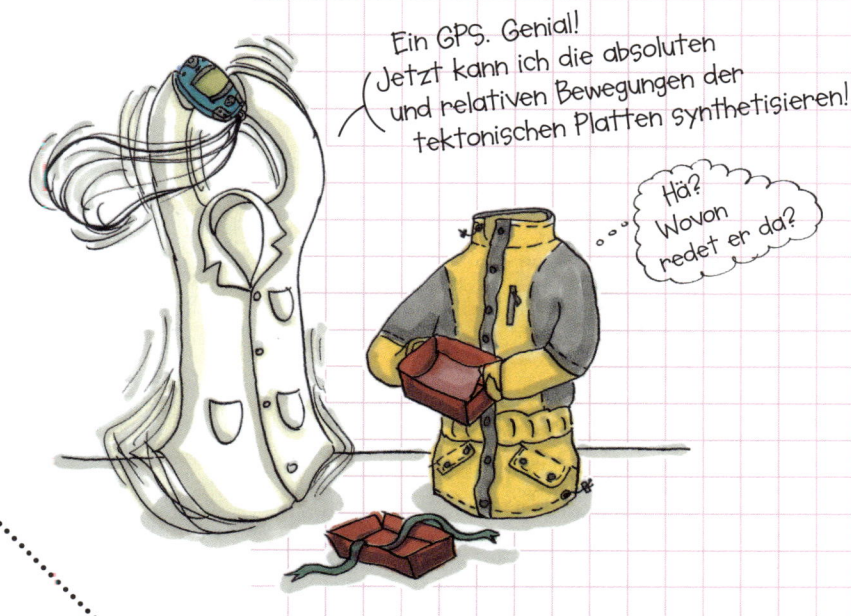

OKTOBER

1. OKTOBER

Außerhalb der Box denken; hier die Lösung

Die vier geraden Linien wurden in Pfeilrichtung gezeichnet, ohne den Stift abzusetzen. Sieh dir die Abbildung der neun Punkte vom 1. September noch einmal an.

Füg sie in die heutige Zeichnung ein, sodass jeder Punkt von mindestens einer Linie durchkreuzt wird.

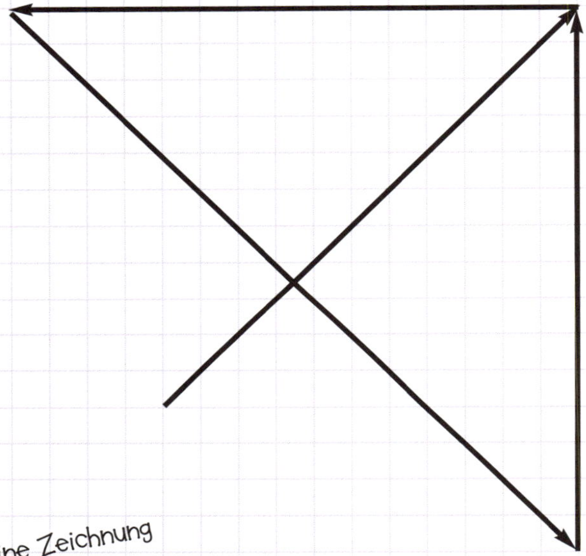

Siehst du? Meine Zeichnung ist viel schöner, ohne die Schmutzflecken drum herum!

Das darf doch nicht wahr sein! Wie ist er OHNE Punkte auf die Lösung gekommen?

Um das Rätsel vom 1. September zu lösen, muss man »außerhalb der Box« denken und sich von der Vorstellung lösen, dass die Linien innerhalb des Rahmens, den die neun Punkte vorgeben, bleiben müssen.

Tritt einen Schritt zur Seite: »Um die Ecke denken« kann dir dabei helfen, Probleme zu lösen

Versuch dich einmal an folgenden Fragestellungen:

1. Wie kann ein Kind aus einem fünfzehnstöckigen Hochhaus fallen, ohne sich schlimm zu verletzen?

2. Du sitzt am Steuer deines kleinen Autos und es regnet in Strömen, als du an einer Bushaltestelle vorbeifährst, an der drei Personen warten: dein bester Freund, eine alte Dame ... und die Person, die du schon immer treffen wolltest. In deinem Auto ist nur noch Platz für einen. Für wen entscheidest du dich?

1. Es ist aus dem Erdgeschoss gefallen.

2. Natürlich lässt du die alte Dame einsteigen und überlässt dann deinem Freund das Steuer. Du selbst wartest mit der Person deiner Träume auf den Bus.

3. OKTOBER

Wie kommt man auf eine gute Idee?

Triff dich mit ein paar Freunden und denkt euch ein Problem aus. Zum Beispiel: »Tom will nicht in die Berge.« Versucht nun, Auswege aus dieser Sackgasse zu finden, und schlagt Lösungen vor – egal, wie verrückt sie klingen. »Der Berg muss zu ihm kommen« (klassische Antwort) – »Was will er dafür haben?« – »Warum soll er überhaupt in die Berge fahren?« – »Wo fängt der Berg an?«

Macht weiter.

»Wenn der Berg nicht zum Propheten kommt, muss der Prophet zum Berg gehen.«

Mohammed
(Begründer des Islam)

Die Vorschläge können lustig oder provokativ sein.
Ziel ist es, das Problem von allen Seiten zu beleuchten,
aus einem anderen Blickwinkel zu betrachten und
so neue Ideen hervorsprudeln zu lassen.

Gesunder Menschenverstand oder Vorurteil?

»Alle Naturprodukte sind gut für die Gesundheit.« Stimmt das?

Lass dir weitere Beispiele für Vorurteile einfallen:

»Was will ich?«, fragt der Verstand. »Worauf kommt es an?«, fragt die Urteilskraft. »Was kommt heraus?«, fragt die Vernunft.

Immanuel Kant
(deutscher Philosoph)

Auch die moderne Physik hat scheinbar allgemeingültige Gesetze infrage stellen müssen. Zum Beispiel in der Mechanik: Man kann den Standort eines Autos und seine Geschwindigkeit zu einem gewissen Zeitpunkt leicht bestimmen. Bei einem so kleinen Objekt wie einem Atom wird es aber unmöglich, gleichzeitig Position und Geschwindigkeit zu ermitteln.

5. OKTOBER

Die Schatten des Lichts

Leuchte mit einer Lampe auf eine Wand und halte verschiedene Gegenstände dazwischen. Betrachte die entstandenen Schatten. Wovon hängt ihre Größe ab? Wovon die Schärfe ihrer Ränder?

Betrachte zum Beispiel den Schatten eines leeren Glases, in dem ein Löffel steckt.

»Wer einen schönen Schatten werfen kann, achtet nicht auf den Schatten, sondern auf den Körper.«

Lü Bu We
(chinesischer Kaufmann, Politiker und Philosoph)

Je näher sich der Gegenstand an der Wand befindet und je weiter weg von der Lampe, desto deutlicher wird der Schatten. Selbst ein durchsichtiger Gegenstand wie ein Glas kann einen Schatten werfen – wenn auch einen eher gräulichen.

Schatten von Röntgenstrahlen

Wie Licht werfen auch Röntgenstrahlen Schatten von allen Dingen, die sie nicht durchleuchten können. Auf Fotoplatten werden diese Schatten hell abgebildet und die dunklen Flächen spiegeln die für die Röntgenstrahlen durchsichtigen Stellen wieder.

Was kannst du auf diesem Röntgenbild erkennen?

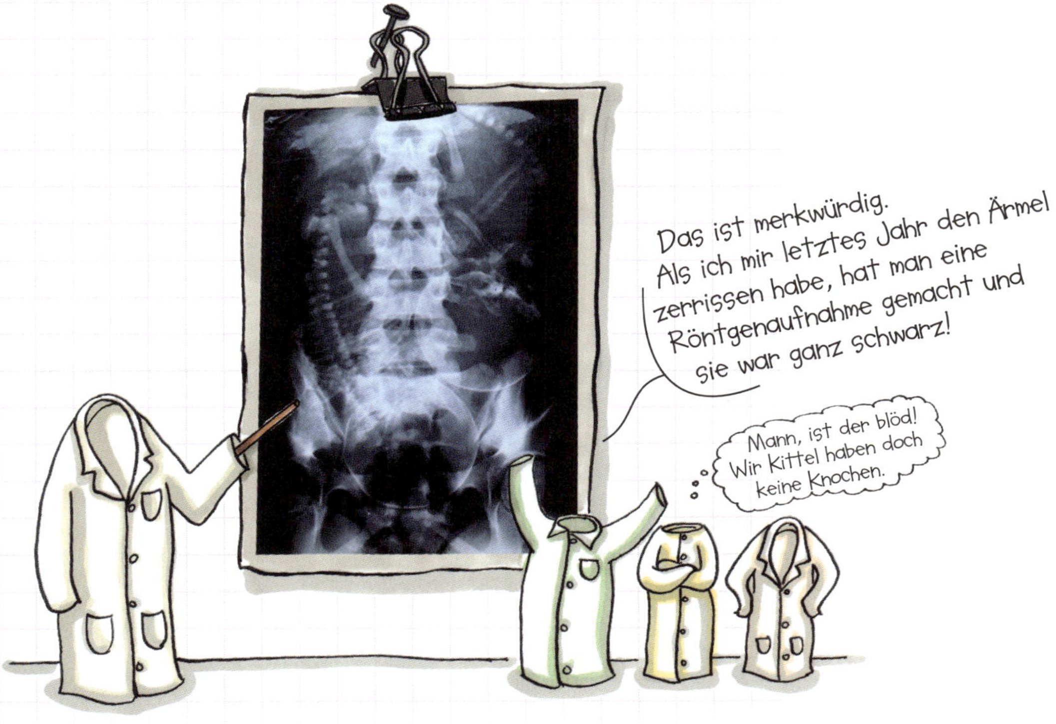

Das ist merkwürdig. Als ich mir letztes Jahr den Ärmel zerrissen habe, hat man eine Röntgenaufnahme gemacht und sie war ganz schwarz!

Mann, ist der blöd! Wir Kittel haben doch keine Knochen.

Das ist die Wirbelsäule einer schwangeren Frau. Von den Zwillingen, die sie bekommt, kann man die Köpfe und die Wirbelsäulen erkennen. (Dieses Röntgenbild wurde 1969 aufgenommen, heute macht man dazu Ultraschallaufnahmen.)

7. OKTOBER

Werfen alle Wellen Schatten?

Hol die große, halb volle Wasserpfanne vom 22. September wieder heraus. Stell irgendwo in der Pfanne ein Hindernis auf, bevor du in ihrer Mitte einen Wassertropfen fallen lässt, damit eine Welle entsteht. Wird die Welle dadurch gestört? Was passiert, wenn du ein größeres Hindernis aufstellst? Seine Form veränderst?

Schreib die Ergebnisse deiner Experimente auf.

»Je größer das Hindernis, desto größer ist die Herrlichkeit, es überwunden zu haben.«

— Molière
(französischer Schauspieler, Theaterdirektor und Dramatiker)

Die Welle »sieht« Hindernisse unter einem Zentimeter quasi nicht. Wenn das Hindernis aber im Verhältnis zur Wellenhöhe größer wird, setzt sich die Welle dahinter nicht fort: Das ist die »Schattenzone«.

Sag mir, was du reflektierst, und ich sage dir, wer du bist

8. OKTOBER

Wiederhol dein Experiment von gestern mit einem größeren Hindernis. Lass einen Tropfen ganz in seiner Nähe fallen und sieh zu, wie die Welle reflektiert (zurückgeworfen) wird.

Welches medizinische Gerät liefert uns Bilder, die auf diesem Prinzip beruhen?

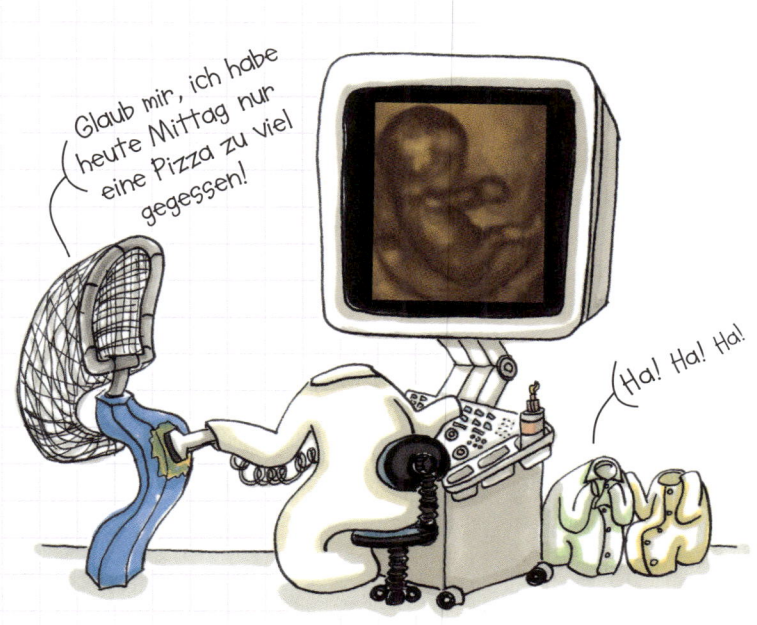

Beim Ultraschall werden Ultraschallwellen auf den Teil des menschlichen Körpers gerichtet, der untersucht werden soll. Sie treffen auf Hindernisse und werden reflektiert. Aus den empfangenen Signalen kann man das Bild des »Hindernisses« rekonstruieren.

9. OKTOBER

Wo stehen die Sender, die Schallwellen aussenden, damit du Radio hören oder Fernsehen gucken kannst? Und wo befinden sich die Sender, die deine Stimme oder deine Nachrichten durchs Handy übermitteln?

Erkundige dich und fass zusammen, was du in Erfahrung gebracht hast.

Damit die Schallwellen auf ihrem Weg zu den Empfangsantennen auf den Dächern auf möglichst wenige Hindernisse treffen, bringt man diese »elektromagnetischen« Sender so hoch wie möglich an – wenn nötig, an Bord eines Satelliten. Für einen guten Handyempfang musst du dich nicht in Sichtweite der nächsten Relaisstation befinden. Diese Wellen sind kürzer, und wenn sie auf Hindernisse treffen, werden sie reflektiert und kommen so bei dir an.

Panne auf dem Eiffelturm

Der einzige Fernseher in unserer Straße thronte in unserem Wohnzimmer. Das war Anfang der 50er-Jahre. Es gab nur einen Fernsehsender, der sein Abendprogramm für ein paar Stunden über Paris und Umgebung ausstrahlte – wenn alles gut ging. Doch oft vernebelte sich der Bildschirm, die »Pausen«-Melodie erklang und das Telefon klingelte: »Panne auf dem Eiffelturm . . .«
Papa zog sich seine Jacke über, machte sich auf den Weg zum Eiffelturm und kletterte bei Nacht bis oben hinauf in die Spitze . . . Schon bald kehrte das Bild zurück.

11. OKTOBER

Betrachte dich im Spiegel

Bist das wirklich du? Streck deinen rechten Arm nach rechts aus, dann nach oben, dann zum Spiegel hin. Was macht dein Spiegelbild? Vertauscht es die Seiten?

Notiere deine Beobachtungen.

»Ein Buch ist ein Spiegel, aus dem kein Apostel herausgucken kann, wenn ein Affe hineinguckt.«

Georg Christoph Lichtenberg
(deutscher Schriftsteller, Mathematiker und Physiker)

Nein, ein Spiegel vertauscht rechts und links nicht. Nur wenn dein Arm zum Spiegel HIN zeigt, scheint dein Spiegelbild im Gegenzug zu DIR HIN zu zeigen. Wenn du dich im Spiegel betrachtest, scheint es, als seist du hinter ihn geschlüpft und hättest dich umgedreht. Und weil es aussieht, als würde dein Spiegelbild seinen linken Arm bewegen, wenn du deinen rechten bewegst, schließt du fälschlicherweise daraus, dass ein Spiegel links und rechts vertauscht.

Okay, der Spiegel vertauscht links und rechts nicht. Aber wie funktioniert das mit oben und unten?

Schreib deinem Spiegel eine Nachricht

Leg ein Blatt Papier auf deinen Schreibtisch und halte einen Spiegel hochkant davor.

Schreib eine Nachricht, die im Spiegel lesbar ist.

Kleiner Tipp: Schreib erst mal in GROSSBUCHSTABEN. Das ist leichter. Du kannst deinen Spiegel auch hochkant links neben dein Blatt stellen. In diesem Fall musst du von rechts nach links schreiben.

Leonardo da Vinci verwendete diese Spiegelschrift häufig. Auch heute sieht man sie noch auf einigen Fahrzeugen (Krankenwagen, Polizei), so ist sie für Autofahrer im Rückspiegel leicht lesbar.

13. OKTOBER

Erloschene Kerze sucht neue Flamme

Stell zu beiden Seiten einer Glasscheibe zwei gleiche Kerzen auf. Zünde eine an und betrachte ihr Spiegelbild in der Scheibe. Du siehst auch die erloschene Kerze, die durch die Scheibe durchscheint.

Verschieb sie, bis sie das Spiegelbild der Flamme einfängt.

Die Flamme der brennenden Kerze wird von der Scheibe reflektiert und dein Auge gewinnt den Eindruck, als würde sie ihrem Bild »hinter« der Scheibe entspringen.
Wenn du die nicht brennende Kerze hinter der Scheibe verschiebst, kannst du es so aussehen lassen, als würde auch sie brennen.

Du oder ich?

14. OKTOBER

Öffne ein Fenster und stell dich auf die eine Seite der Glasscheibe. Ein Freund stellt sich dir gegenüber auf die andere Seite. Stellt euch so, dass sich dein Spiegelbild über das Gesicht deines Freundes auf der Scheibe legt. Beleuchte dein Gesicht aus unterschiedlichen Winkeln mit einer Lampe.

Was siehst du? Dich? Deinen Freund? Oder eine Mischung aus beiden?

»Bei schlechter Beleuchtung vermag sich auch der Teufel das Aussehen eines Engels zu geben.«

Sprichwort aus Vietnam

Wenn du im Schatten stehst, siehst du nur deinen Freund. Wirst du direkt angeleuchtet, siehst du nur dich. Dazwischen liegen erstaunliche Mischungen.

15. OKTOBER

»Für die Eitelkeit ist selbst die Pfütze ein wohlgefälliger Spiegel.«

Arthur Schopenhauer
(deutscher Philosoph)

Ich glaube nur, was ich sehe!

Stell einen Spiegel hochkant auf einen Tisch und leg zwei völlig unterschiedliche Dinge vor ihn und hinter ihn. Nimm beides in jeweils eine Hand. Lehn dich aber zur Seite, damit du nur eine Hand sowie ihr Spiegelbild im Spiegel siehst.

Was fühlst du?

Überraschung! Du siehst »beide Hände« – in Wirklichkeit allerdings nur eine und ihr Spiegelbild. Sie halten beide denselben Gegenstand, obwohl du völlig unterschiedliche Dinge in deinen Händen fühlst. Für dein Gehirn kommt dieser Unterschied zwischen Fühlen und Sehen erst einmal überraschend – aber es begreift schnell.

Du und dein Spiegelbild: alte Bekannte? ...

16. OKTOBER

In welchem Alter sieht ein Baby in den Spiegel und begreift, dass es sich selbst sieht?

Hast du eine Idee, wie man das feststellen könnte?

Dieser Kescher ist immer noch ein Baby!

Eine Gruppe Mütter tupft unbemerkt auf die Nasen ihrer Babys einen kleinen roten Fleck. Wenn die Babys etwa ein Jahr alt sind, fällt ihnen der Fleck auf. Mit etwa 15 Monaten versuchen sie ihn vom Spiegel zu wischen. Nach 18 Monaten wischen sie gleich über ihre eigene Nase. In der Tierwelt haben Delfine, Orcas und einige Affen diesen Test gemeistert.

17. OKTOBER

Blick in die Unendlichkeit

Stell eine Kerze vor einen Spiegel und betrachte ihr Spiegelbild. Halte hinter die Kerze einen zweiten Spiegel, der zum ersten zeigt.

Wie viele Kerzen siehst du?

»Die unzureichende Sinneswahrnehmung widerlegt die Unendlichkeit nicht.«

Giordano Bruno
(italienischer Philosoph und Dichter)

Super Idee! Zu Opas 70. Geburtstag brauchen wir nur eine Kerze und zwei Spiegel und schon geht die Rechnung auf!

Solange du nur einen Spiegel hast, siehst du zwei Kerzen: die echte und ihr Spiegelbild. Der zweite Spiegel reflektiert sowohl die Kerze als auch ihr Spiegelbild. Diese treffen auf den ersten Spiegel, der sie wiederum reflektiert, und du »siehst« zwei Kerzen mehr. Auf diese Art setzt sich die Reihe ins Unendliche fort.

Bau dir ein Kaleidoskop

Leg einen Gegenstand zwischen zwei Spiegel, deren Winkel du verändern kannst. Stell die Spiegel zunächst im rechten Winkel zueinander auf.

**Wie viele Spiegelbilder siehst du?
Wie kannst du die Anzahl steigern?**

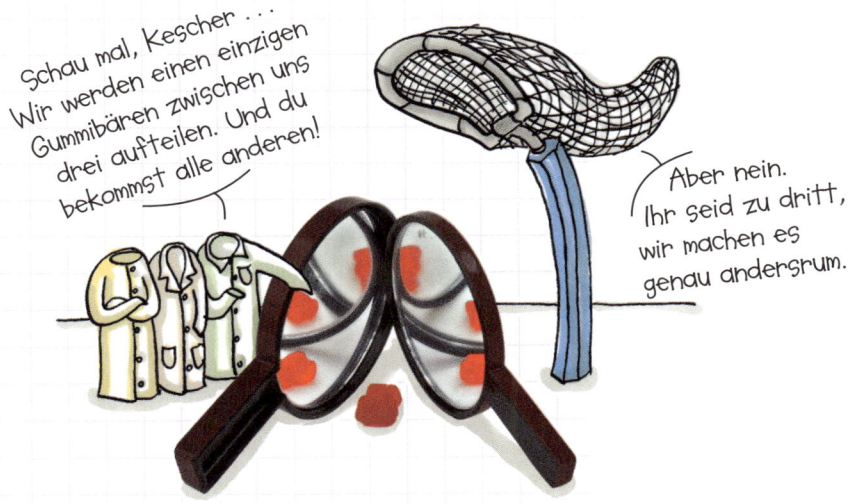

Im rechten Winkel siehst du den Gegenstand und drei Spiegelbilder. Verkleinerst du den Winkel, erhöht sich die Anzahl der Spiegelbilder – und zwar so wie gestern bis ins Unendliche, wenn sie sich genau gegenüberstehen.

19. OKTOBER

»Beschuldige nicht den Spiegel, wenn dein Gesicht schief ist.«

russisches Sprichwort

Leg einen kleinen Spiegel flach auf den Boden

Stell dich mit einem Freund so vor den Spiegel, dass ihr euch durch den Spiegel hindurch gegenseitig in die Augen schauen könnt.

Der Spiegel, der zwischen euch auf dem Boden liegt, muss sich auf derselben Linie befinden, die deine Augen mit dem Spiegelbild der Augen deines Freundes verbindet. Vergiss nicht, dass dieses Bild das Symmetriebild der Augen deines Freundes im Verhältnis zur Spiegelebene, d. h. zum Boden, ist.

Um einen Spiegel herzustellen ...

... stellst du eine mit Wasser gefüllte Schüssel auf einen Tisch.

Such dir eine Position, von der aus du das Spiegelbild eines Gegenstandes auf der Wasseroberfläche sehen kannst.

Wie gestern muss sich die Spiegelfläche auf derselben Linie befinden, die deine Augen mit dem Spiegelbild des Gegenstandes, den du zu sehen versuchst, verbindet. Dieses Bild ist das Symmetriebild dieses Gegenstandes im Verhältnis zur Wasseroberfläche = Spiegel.

21. OKTOBER

Bei den Liliputs

Betrachte dich auf der Rückseite (der nach außen gewölbten Seite) eines Löffels oder besser noch auf der Rückseite einer spiegelblanken Suppenkelle.

**Beschreib das Bild, das du siehst.
Wie groß ist es? In welche Richtung zeigt es?
Wie sieht der Hintergrund aus?**

*»Alles Große besteht aus Kleinem.
Wer vom Kleinen nicht Besitz nimmt, kann das Große nie erwerben.«*

Wilhelm Heinse
(deutscher Dichter und Bibliothekar)

Ein »konvexer« Spiegel verkleinert die Gegenstände und erweitert plötzlich deinen Blickwinkel. Darum ist das Glas bei Rückspiegeln im Auto leicht gewölbt. Auf diese Art verkleinert sich der tote Winkel.

Kerzensammeln nach Schöpfkellenart

Leg eine blank polierte Schöpfkelle auf den Tisch.
Stell eine brennende Kerze davor.

Schieb die Kerze so nah heran, dass ihr (auf dem Kopf stehendes) Bild sich praktisch mit ihr vereinigt.

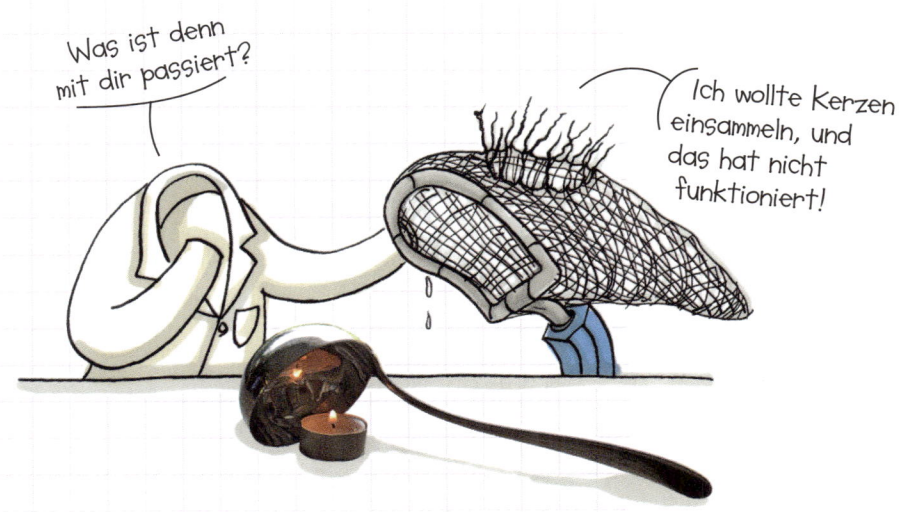

Die Kerze steht fast in der Mitte der »Spiegel«-Halbkugel (der Schöpfkelle). Die Kerze und ihr Bild spiegeln sich also symmetrisch zu dieser Mitte.

23. OKTOBER

Stell dich vor den Badezimmerspiegel und zeichne mit einem Wachsmalstift den Umriss deines Gesichts darauf. Beweg dich nicht von der Stelle und halte dir einen kleinen Vergrößerungsspiegel – so wie man ihn zum Schminken benutzt – vors Gesicht. Seine Rückseite zeigt zum Badezimmerspiegel. Dein Spiegelbild in dem kleinen Spiegel ist nicht ganz komplett. Vervollständige es auf dem großen Spiegel dahinter. Vergleich die Größen der beiden Umrisse.

Um welchen Faktor vergrößert der kleine Spiegel?

Beeil dich! Sie wird nicht lange stillhalten!

Ich hab die Nase voll, immer diese Aufgaben mit Gesichtern!

Bei einem vergrößernden Kosmetikspiegel liegt das Größenverhältnis normalerweise zwischen 1,5 und 2. Vergiss nicht, den Badezimmerspiegel wieder sauber zu machen!

Spiegelbild eines Vergrößerungsspiegels

Du brauchst einen Tisch, der an der Wand steht. Stell darauf eine brennende Kerze im Halbdunkel dicht an die Wand. Spiegle mit einem Vergrößerungsspiegel die Flamme an die Wand, direkt neben die Kerze. Geh mit dem Spiegel so weit zurück, bis dieses Spiegelbild ein klares, auf dem Kopf stehendes Bild der Kerze ergibt.

Notiere den Abstand zwischen Wand und Spiegel.

»Die dunkelste Stelle ist knapp unterhalb der Kerze.«

koreanisches Sprichwort

Die nach innen gewölbte Spiegelfläche ist nur ein kleiner Teil einer »Kugel« rund um die Kerze. Die Kerze und ihr Spiegelbild liegen dicht beieinander, wenn sie sich nahe dem Kugelzentrum befinden. Der Radius dieser Kugel – Abstand zwischen Wand und Spiegel – müsste sich in der Größenordnung von einem Meter bewegen.

25. OKTOBER

Lass die Sonne oder eine weit entfernte, helle Lichtquelle auf deinen Vergrößerungsspiegel scheinen. Folge mit der Hand dem Licht, das er reflektiert, und such den Punkt, in dem es sich sammelt.

Man nennt diesen Punkt den »Brennpunkt«. Weißt du, warum?

»Nur wer brennt, kann andere entzünden.«

Redensart

Die Strahlen einer fernen Lichtquelle kommen alle aus derselben Richtung. Daher treffen sie alle in einem Punkt (dem »Brennpunkt«) zusammen und erwärmen – oder verbrennen sogar –, was sich dort befindet.

Menschliche Wärme

26. OKTOBER

Kleide das Innere einer großen Schüssel mit Aluminiumfolie aus, mit der glänzenden Seite nach oben. Halte sie dicht an eine deiner Wangen. Die Schüssel darf die Wange aber nicht berühren. Was fühlst du? Und wenn du dir die Schüssel ohne Alufolie an die Wange hältst?
Hat das dieselbe Wirkung?

Versuch das Phänomen zu erklären.

»Von allen Energiequellen ist die menschliche Wärme die billigste ...«

anonym

Deine Wange ist warm. Sie sendet Infrarotstrahlen aus, die von dem Aluminium reflektiert und zurück auf deine Wange geworfen werden. Diese zurückgeworfene Wärme spürst du auf deiner Wange.

27. OKTOBER

»Die Erde ist kein Geschenk unserer Eltern, sondern eine Leihgabe unserer Kinder.«

indianisches Sprichwort

Hast du dich schon mal mitten im Sommer in ein Gewächshaus oder unter ein Glasdach gestellt? Dort ist es viel wärmer als im Freien – selbst wenn die Sonne nicht direkt draufscheint.

Kannst du dieses Phänomen erklären?

Das Sonnenlicht dringt durch das Glas des Gewächshauses und erwärmt alles, was sich darunter befindet. Die aufgewärmten Körper senden Wärme in Form von Infrarotstrahlen aus. Die Strahlen sind im Gewächshaus gefangen und lassen die Temperatur ansteigen.

Bau dir ein Gewächshaus

Du brauchst zwei gleiche Einmachgläser.
Wickle ein Stück Schokolade in Papier
und leg es in eines der Gläser.
In das zweite legst du ebenfalls ein Stück Schokolade.
Diesmal umwickelst du aber nicht die Schokolade,
sondern das Glas mit dem gleichen Papier.

**Verschließ beide Gläser und
stell sie nebeneinander in die Sonne.
Welches Schokoladenstück schmilzt zuerst?**

*»Neun von zehn
Personen geben
an, Schokolade
zu mögen.
Die zehnte lügt.«*

John G. Tullius
(US-amerikanischer
Comic-Künstler)

Als Erstes schmilzt das Stück im »Gewächshaus-Glas«,
in dem es wärmer ist als in dem mit Papier umwickelten Glas.

29. OKTOBER

Entfern den Drehteller aus eurer Mikrowelle und stell stattdessen einen Teller hinein, der sich nicht dreht. Leg eine Tafel Schokolade darauf. Schalte die Mikrowelle ein und beobachte durch die Scheibe, was passiert. Wenn die Schokolade zu schmelzen beginnt, schaltest du die Mikrowelle wieder aus.

Ist die Schokolade gleichmäßig geschmolzen? Beschreibe, wie die Tafel aussieht.

In der Mikrowelle bilden sich »stehende Wellen«. In einigen Bereichen ist die Energiedichte sehr stark und die Schokolade schmilzt schnell; in anderen ist sie sehr schwach und die Schokolade schmilzt nicht. Die Entfernung zwischen diesen Bereichen hängt von der »Wellenlänge« ab, die sich bei handelsüblichen Mikrowellen auf 12 cm beläuft.

Walzer der Wassermoleküle

30. OKTOBER

Nimm zwei Gläser. In das eine stopfst du Papier von der Küchenrolle und das zweite füllst du mit Wasser. Anschließend legst du in beide Gläser einen Eiswürfel und stellst sie auf den Drehteller eurer Mikrowelle. Schalte sie ein und beobachte durch die Scheibe, wie die Eiswürfel schmelzen.

Notiere deine Beobachtungen.

Der Eiswürfel auf dem Küchenpapier bleibt auf dem »Trockenen«. Er schmilzt nicht so schnell wie der in flüssigem Wasser. Tatsächlich erhitzen Mikrowellen kein Eis, sondern nur flüssiges Wasser, dessen Moleküle frei dem Rhythmus der Mikrowellen folgen können. Sieh nach, ob das nasse Papier unter dem »trockenen« Eiswürfel warm geworden ist.

31. OKTOBER

Wo ist Wasser drin?

Verteil auf mehrere Gläser Lebensmittel, die kein Wasser enthalten: Salz, Zucker, Öl.
Vorsicht: Verwende keine getrockneten Lebensmittel wie Nudeln oder Trockenfrüchte. Sie enthalten trotzdem noch einen Rest Wasser und dein Probestück könnte verkohlen! Stell alle Gläser in die Mikrowelle. Dazu stellst du als Gegenprobe ein Glas mit ein wenig Wasser.

Schreibe deine Beobachtungen auf.

Nur das Wasserglas wird warm.
Aber Vorsicht: Schon ein paar Tropfen Wasser im Zucker können ihn karamellisieren oder ihn sogar verkohlen lassen, wenn du ihn zu lange erhitzt!

NOVEMBER

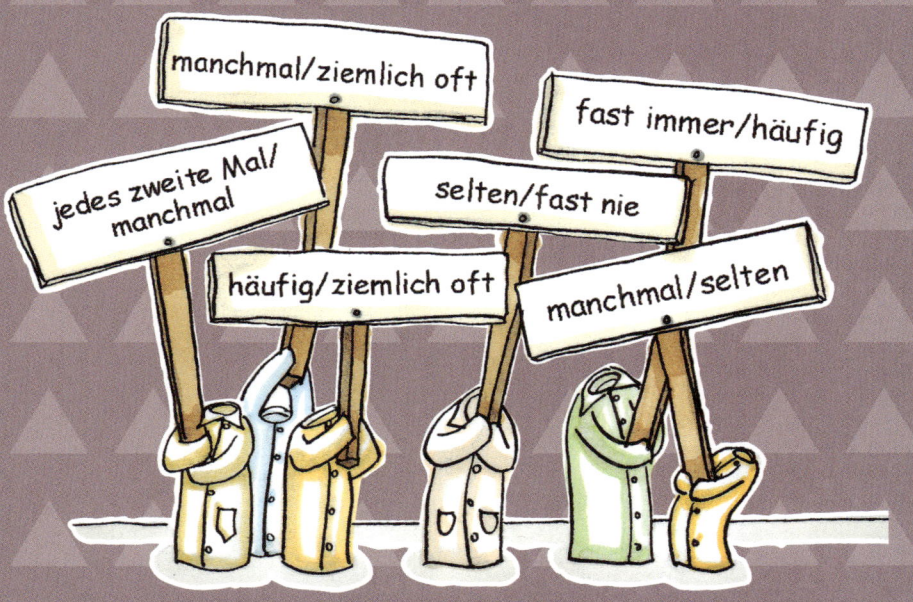

Diese Muster folgen einer bestimmten Logik

Was kommt als Nächstes?

»Alles Urdenken geschieht in Bildern: darum ist die Fantasie ein so notwendiges Werkzeug desselben und werden fantasielose Köpfe nie etwas Großes leisten – es sei denn in der Mathematik.«

Arthur Schopenhauer
(deutscher Philosoph)

Wenn du Hilfe brauchst, sieh am 12. Oktober nach.

Es handelt sich um gegeneinander gespiegelte Zahlen. Bisher sind 0, 1 und 2 auf die Wand gemalt. Als Nächstes muss also die 3 folgen.

Kannst du dir ein Leben ohne Zahlen vorstellen?

2. NOVEMBER

Versuch mal einen Tag lang – aber bitte nicht während der Unterrichtszeit –, keine Zahlen zu verwenden. Wenn du eine Mengenangabe mitteilen möchtest, benutze nur Adverben wie: ein wenig, genug, viel etc.

Fällt dir das schwer?
Erzähl:

»Viele Körnlein machen einen Haufen.«

deutsche Redensart

In der Sprache einiger Völker lassen sich Mengenangaben nicht genau wiedergeben: auf »eins« und »zwei« folgt »viele«. Ist das so, weil es keine Wörter für Zahlen gibt? Oder gibt es keine Wörter für Zahlen, weil der Volksstamm sie nicht braucht? Mit dieser Frage beschäftigen sich die Linguisten.

3. NOVEMBER

Welches Wort trifft es am besten?

Kreise bei jedem der hier aufgelisteten Wortpaare das Wort ein, das für dich die höhere Wahrscheinlichkeit für das Eintreten eines Ereignisses ausdrückt.

manchmal/ziemlich oft

fast immer/häufig

jedes zweite Mal/manchmal

selten/fast nie

häufig/ziemlich oft

manchmal/selten

Ordne die sechs von dir eingekreisten Begriffe nach einer Wahrscheinlichkeit von 0,1 (trifft bei 1 von 10 zu) bis 0,9 (trifft bei 9 von 10 zu).

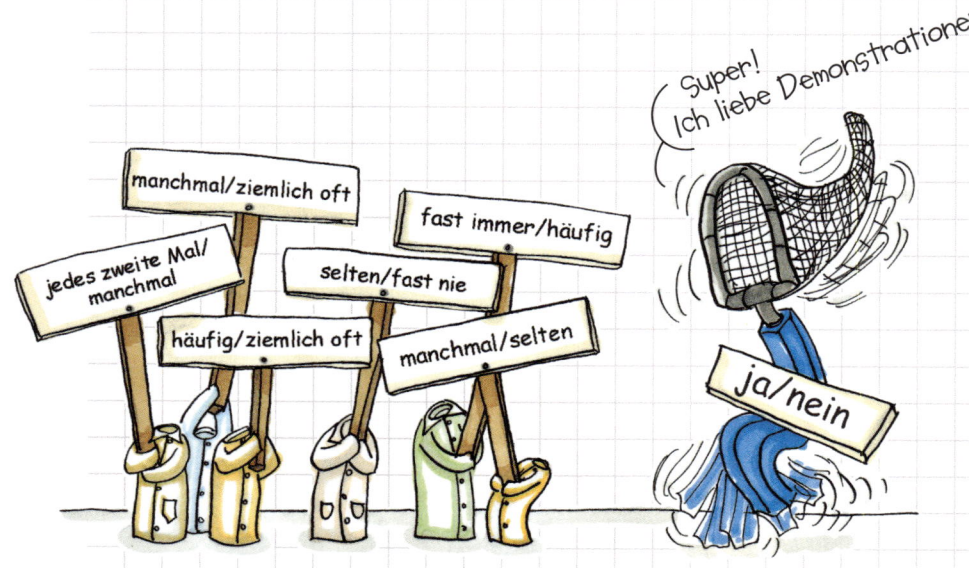

Du hast gerade die »subjektive Wahrscheinlichkeit« definiert.

4. NOVEMBER

Willst du wirklich wissen, wie das Wetter in drei Tagen wird? Wie kommst du zu der bestmöglichen Vorhersage?

Beschreibe deine Vorgehensweise. Notier deine endgültige Vorhersage und überprüf sie in drei Tagen.

Besorg dir Wettervorhersagen aus verschiedenen Quellen und vergleich sie mehrere Tage lang miteinander. Im Juni 1944, als die Alliierten sich auf die Truppenlandung in der Normandie vorbereiteten, arbeiteten drei Gruppen von Meteorologen unabhängig voneinander an der Wettervorhersage. Ihre Einschätzungen stimmten nie überein. Doch dann sagten alle drei Gruppen für den 6. Juni eine ruhige Wetterlage voraus und die Truppenlandung wurde gestartet.

5. NOVEMBER

Kopf oder Zahl?

Wirf ein Geldstück in die Luft.
Mit welcher Wahrscheinlichkeit fällt es auf Kopf?
Natürlich mit einer Wahrscheinlichkeit von eins zu zwei.
Kontrollier das, indem du das Geldstück zwanzig Mal hintereinander hochwirfst. Zähl mit, wie viel Mal es auf Kopf landet. Teil diese Zahl anschließend durch zwanzig. So erhältst du die »relative Häufigkeit« für deinen Versuch.

Wie hoch ist sie?

»Alle Wissenschaften sollen Mathematik werden. Die bisherige Mathematik ist nur die erste und leichteste Äußerung oder Offenbarung des wahrhaft wissenschaftlichen Geistes.«

Novalis
(deutscher Schriftsteller, Philosoph und Bergbauingenieur)

Wahrscheinlich nicht 0,5 ($\frac{1}{2}$). Um dich der Wahrscheinlichkeit zu nähern, die auf deinem gesunden Menschenverstand basiert, müsstest du den Versuch sehr viel öfter als zwanzig Mal wiederholen.

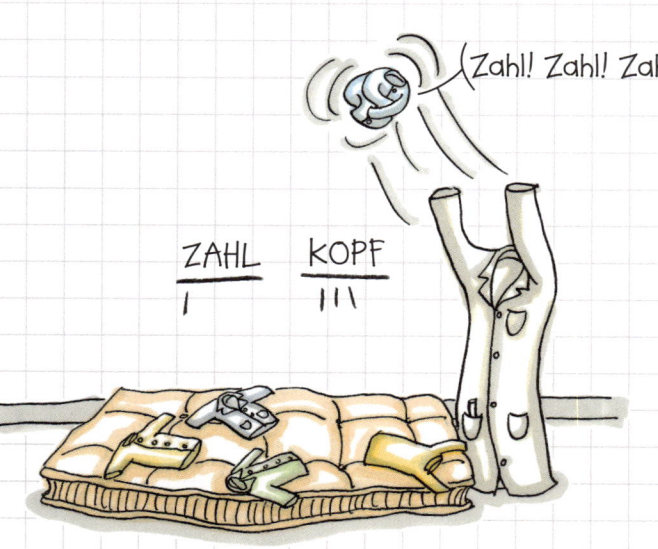

Wirf nun zwanzig Geldstücke gleichzeitig hoch und zähl nach, wie viele davon auf Kopf gelandet sind. Teil diese Zahl durch zwanzig. Du erhältst die relative Häufigkeit für das Hochwerfen von zwanzig Geldstücken: Schreib diese beiden Zahlen in die erste Spalte.
Wirf noch einmal die zwanzig Geldstücke hoch, zähl diejenigen, die auf Kopf gefallen sind, rechne sie zu den vorherigen dazu und teil alles durch 40: Jetzt kannst du die zweite Spalte ausfüllen.

Mach weiter ...

6. NOVEMBER

Anzahl der geworfenen Geldstücke	20	40	60	80	100	120	140	160	180	200
Anzahl »Kopf«										
relative Häufigkeit von »Kopf«										

Wir sind so weit!

Ähm ... wo ist denn die Matratze?

Wenn die Anzahl der hochgeworfenen Geldstücke steigt, müsste sich die relative Häufigkeit des Ereignisses der intuitiven Häufigkeit von 0,5 ($\frac{1}{2}$) annähern. Wenn das nicht der Fall ist, dann ist das ein Hinweis darauf, dass ein paar deiner Geldstücke »gefälscht« oder nicht gut gemischt waren.

7. NOVEMBER

Stichproben:
der Schlüssel einer jeden Statistik

Gib in ein Glas neun Esslöffel weiße Pfefferkörner plus einen Esslöffel schwarze Pfefferkörner und vermische sie. Wenn du das Verhältnis (10 %) der schwarzen Pfefferkörner in deiner Mischung nicht kennen würdest, wie könntest du es schätzen, ohne alle Körner aus dem Glas aussortieren und zählen zu müssen?

Schlag eine Methode vor und schreib dein Ergebnis auf.

Zähl die Körner auf EINEM Löffel und dann teilst du die Anzahl der schwarzen Körner durch die Gesamtzahl. Diese Methode funktioniert, wenn die Stichprobe groß genug ist (rund 100 Körner auf dem Löffel) und »repräsentativ« (schwarze und weiße Körner gut miteinander vermischt).

Führ eine Umfrage durch

8. NOVEMBER

Zum Beispiel über die Anzahl der Stunden, die Kinder in deinem Alter pro Woche fernsehen oder Computer spielen dürfen.

Berichte, wie du vorgegangen bist, und schreib deine Ergebnisse auf. Glaubst du, dass sich dein Ergebnis auf alle anderen Länder übertragen lässt?

Ganz bestimmt nicht, denn du müsstest Kinder aller sozialen Schichten, in der Stadt und auf dem Land etc. befragen. Und glaubst du, dass alle Antworten, die du erhalten hast, mit der Wirklichkeit übereinstimmen?

9. NOVEMBER

Sinnvolle Verwendung für Statistiken

70 % der Menschen sterben im Bett.
Lautet die Schlussfolgerung also, dass es schlecht
für die Gesundheit ist, schlafen zu gehen?

**Erfinde andere Beispiele, in denen zwei Ereignisse
häufig gleichzeitig stattfinden, weswegen man
voreilig schlussfolgern könnte, dass das eine
das andere bedingt.**

Auch wenn das eine Ereignis nicht die Folge des anderen ist, können beide dieselbe Ursache haben. Wie z. B. eine Krankheit, durch die man ans Bett gefesselt ist ... in dem man dann möglicherweise stirbt.

Schreibe die Geburtsdaten von allen Schülern
in deiner Klasse auf.

**Hat heute jemand Geburtstag?
Gibt es zwei, die am selben Tag Geburtstag haben?**

10. NOVEMBER

Die Wahrscheinlichkeit, dass du ausgerechnet heute
Geburtstag hast, ist sehr gering – nämlich 1 zu 365.
Wenn ihr aber 35 Schüler in der Klasse seid, steigt die
Wahrscheinlichkeit, dass einer von euch heute Geburtstag hat,
auf 1 zu 10. Und die Wahrscheinlichkeit, dass zwei
von euch am selben Tag Geburtstag haben, liegt bei 8 zu 10 –
das muss allerdings nicht unbedingt heute der Fall sein!

11. NOVEMBER

Ruhe, hier wird gespielt!

Dreh drei Tassen auf einem Tisch um und versteck unter einer ein Geldstück. Bitte einen Freund, das Geldstück wiederzufinden. Er darf aber nur eine Tasse hochheben. Er hat eine Chance von 1 zu 3.
Wiederholt den Versuch viele Male, sagen wir 30-mal (das dauert lang!) und schreibt die Ergebnisse auf:
(**X:** Geldstück gefunden   **0:** kein Geldstück unter der Tasse):
X X 0 0 0 X 0 X etc.

Hast du mehr O oder mehr X?

»Man läuft Gefahr zu verlieren, wenn man zu viel gewinnen möchte.«

Jean de La Fontaine
(französischer Schriftsteller)

Du müsstest etwa doppelt so viele 0 haben wie X. Denn die Wahrscheinlichkeit, dass das Geldstück unter einer der Tassen liegt, die nicht ausgewählt wurde, liegt bei 2 zu 3. Morgen wird es komplizierter ...

Zurück zum gestrigen Versuch

12. NOVEMBER

Bevor der andere eine Tasse hochhebt, dreh eine der anderen Tassen, die er nicht ausgewählt hat und von der du weißt, dass sie leer ist, um. Schlag deinem Gegenüber dann vor, sich noch einmal umzuentscheiden. Wenn er deinem Rat folgt, verdoppelt er seine Chancen und hat nun zwei von drei, das Geldstück zu finden!

Führt zu zweit eine neue Versuchsreihe durch. Wendet dabei die neue Strategie an und zählt die X und O.

»Guter Rat dringt in das Herz der Weisen, durchfährt aber nur die Ohren der Dummen.«

chinesisches Sprichwort

Du müsstest etwa doppelt so viel X (= gefunden!) wie O haben.

13. NOVEMBER

Jetzt wird nachgedacht

Sieh dir die Ergebnisse deiner ersten Versuchsreihe vom 11. November, in der du mehr 0 als X herausbekommen hast, noch mal an.

Jedes Mal, wenn du X notiert hast, war die erste Wahl richtig. Hätte dein Partner sich umentschieden, hätte er verloren: X wäre also zu »verloren« geworden.

Jedes Mal, wenn du 0 notiert hast, war die erste Wahl falsch. Hätte dein Partner sich umentschieden, hätte er plötzlich gewonnen: 0 wäre zu »gewonnen« geworden.

Erläutere diese Schlussfolgerungen mehreren Leuten. Schaffst du es, sie zu überzeugen? Schreibe ihre Einwände auf.

»Effektivität ist intelligente Faulheit.«

anonym

He, schau mal! Ich werfe und fange wieder auf, ich werfe und fange wieder auf ...

Oje! Ich gebe es auf!

Letzter Versuch

14. NOVEMBER

Nimm diesmal zehn Tassen und versteck das Geldstück unter einer von ihnen. Bitte deinen Spielpartner, auf die Tasse zu zeigen – aber sie nicht umzudrehen –, unter der er das Geldstück vermutet. Eine Chance zu zehn, dass er auf die richtige Tasse zeigt; neun Chancen zu zehn, dass es sich unter einer der neun verbleibenden Tassen befindet. Heb also nacheinander acht dieser neun Tassen (von denen du weißt, dass sie leer sind) hoch und frag deinen Partner, ob er sich noch mal umentscheiden möchte.

Was sollte er deiner Meinung nach tun?

»Alles, was lediglich wahrscheinlich ist, ist wahrscheinlich falsch.«

René Descartes
(französischer Philosoph, Mathematiker und Naturwissenschaftler)

Er sollte sich umentscheiden und die neunte Tasse nehmen, die du nicht umgedreht hast: Es ist die letzte aus der Gruppe der neun Tassen, die dein Partner nicht gewählt hat, also einer Gruppe, in der die Chancen 9 zu 10 stehen, dass sich dort das Geldstück befindet.

15. NOVEMBER

Nimm einen 20 cm langen und 1 cm breiten Papierstreifen. Falte ihn zweimal in der Mitte und schneide dann ein Viertel ab. Kleb es in das Histogramm. Falte den Rest des Streifens erneut zweimal in der Mitte, schneide wieder ein Viertel ab und klebe es neben das andere Stück.

Mach so weiter ... und nimm einfach an, dass die Verkürzung um ein Viertel stets eine Minute dauert.

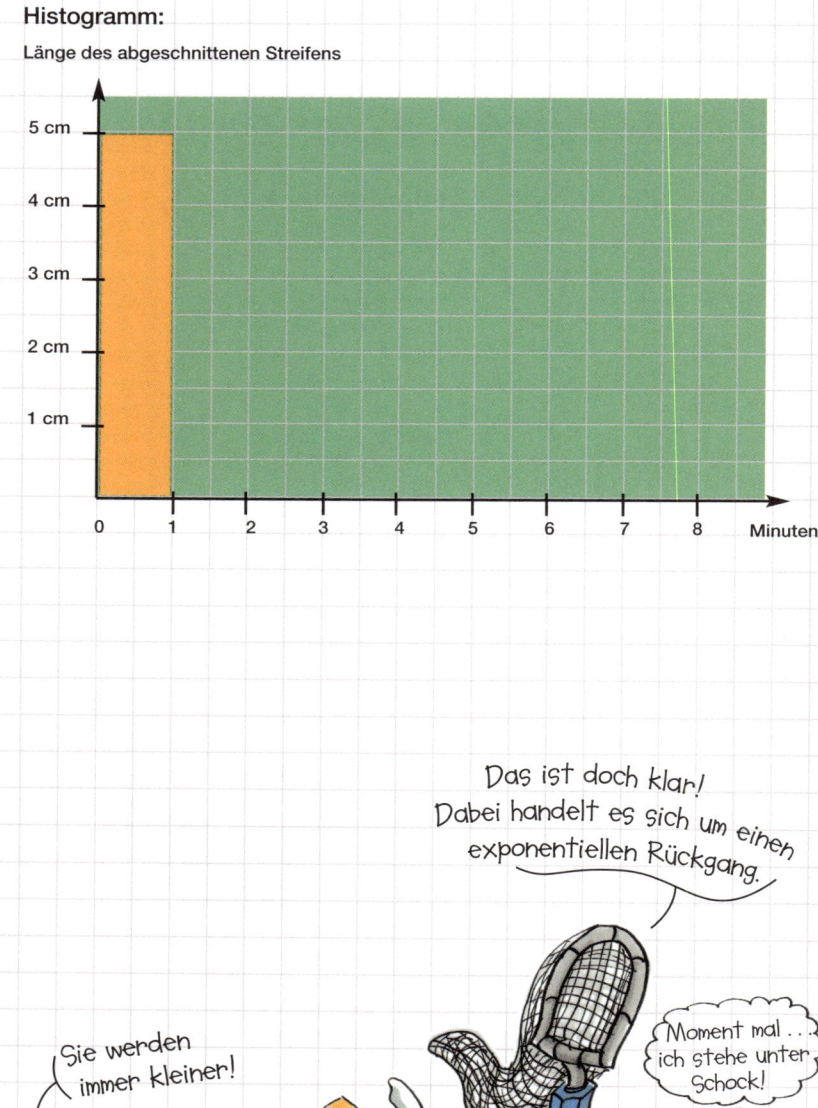

Stell dir nun im Vergleich eine große Anzahl radioaktiver Atome vor, von denen jedes pro Minute mit einer Chance von 1 zu 4 zerfällt. Wie viele verlierst du dann durchschnittlich jede Minute? Ein Viertel der übrig gebliebenen Atome – wie bei dem Papierstreifen. Die »Länge des abgeschnittenen Streifens« kann also für die »Anzahl der zerfallenen Atome« pro Minute stehen.

Sie werden immer kleiner!

Das ist doch klar! Dabei handelt es sich um einen exponentiellen Rückgang.

Moment mal ... ich stehe unter Schock!

Wiederhol die Aufgabe von gestern und verkürz einen Papierstreifen jeweils um ein Viertel, bis der Streifen nur noch etwa 1,2 cm misst.

Sieh dir das Histogramm von gestern an. Kannst du sagen, seit wie vielen Minuten der Streifen »zerfällt«?

16. NOVEMBER

Zwischen der fünften und sechsten Minute ist er nur noch 1,2 cm lang. Er »zerfällt« also seit sechs Minuten. Genauso haben alle lebenden Organismen einen bekannten prozentualen Anteil von Kohlenstoff 14 (14C), dessen Radioaktivität abnimmt, wenn sie sterben. Misst man heute den radioaktiven Anteil eines abgestorbenen Organismus (z. B. Fossilien), kann man seinen Todestag bestimmen.

17 NOVEMBER

Wenn C 14 (Kohlenstoff 14) genauso schnell zerfällt wie der »radioaktive Streifen« von gestern, würde diese Datierungstechnik nur bei Fossilien funktionieren, die nicht älter sind als ... einige Minuten.

Informiere dich, wie lange man warten muss, bis etwa die Hälfte des ursprünglich vorhandenen C 14 zerfallen ist: Das ist die »Halbwertszeit« dieses radioaktiven Elements.

»Es ist schwieriger, eine vorgefasste Meinung zu zertrümmern als ein Atom.«

Albert Einstein
(deutscher Physiker)

Die Halbwertzeit von C 14 beträgt etwa 5 700 Jahre. Durch die Datierung dieses Elements kann man also das Alter von Knochen oder Pflanzenresten zwischen einigen Hundert und etwa 50 000 Jahren bestimmen.

Warum nimmt der Anteil von C 14 erst nach Eintreten des Todes ab? Weiß ein C 14-Atom, ob es sich in einem lebendigen oder einem toten Organismus befindet?

In der Atmosphäre bildet sich durch die kosmischen Strahlen der Sonne ständig C 14. Behalte diese Information im Hinterkopf, denk nach und schlag eine Antwort vor.

18. NOVEMBER

»Ich kann Ihnen unmöglich mein Alter sagen, es ändert sich ständig.«

Alphonse Allais
(französischer Schriftsteller)

C 14 zerfällt, egal, ob man lebt oder tot ist. Da die Sonne die Atmosphäre mit C 14 versorgt, bleibt der C 14-Anteil konstant. Genauso verhält es sich mit einem lebenden Organismus, der im Austausch mit der Atmosphäre steht (durch Fotosynthese und die Nahrungskette). Stirbt der Organismus, baut sich sein C 14-Anteil ab.

19. NOVEMBER

Zufälliger Weg

Schüttle ein Staubtuch vor einer Lampe aus.
Versuch die Flugbahn einiger Staubkörner zu verfolgen.

**Fallen sie zu Boden?
Bewegen sie sich immer in dieselbe Richtung?**

Für den freien Fall sind sie zu leicht. Und ihre Bewegungen sind rein zufällig. Du kannst zwar plötzliche Veränderungen in ihrer Geschwindigkeit beobachten, aber diese kommen zustande, weil Staubteilchen auf Luftmoleküle, die du nicht sehen kannst, treffen. 1827 untersuchte R. Brown den zufälligen Weg von Pollen auf einer Wasseroberfläche. Die Theorie dieser »Brownschen Bewegung« wurde 1905 von A. Einstein erklärt.

Nimm einen zufälligen Weg, indem du von einem Kästchen in der Mitte des karierten Quadrats ausgehst und ein Geldstück wirfst.
Zahl: Du gehst ein Kästchen nach rechts.
Kopf: ein Kästchen nach links. Anschließend ziehst du bei Zahl nach oben und bei Kopf nach unten.

Dann gehst du wieder nach links oder rechts, gefolgt von oben oder unten und so weiter.

Entfernst du dich irgendwann von deinem Ausgangspunkt?

20. NOVEMBER

»Es versüßt jedes Alter, von der Fantasie geführt zu werden.«

Marcel Proust
(französischer Schriftsteller)

Ja, aber in unvorhersehbarer Richtung und sehr viel langsamer, als wenn du dich immer in dieselbe Richtung fortbewegen würdest. Genauso verhält es sich mit der »Diffusions«-Bewegung, z. B. bei einem Zuckermolekül in Wasser.

Eine Simulation dieser Bewegung kannst du dir hier anschauen:
www.phy.ntnu.edu.tw/ntnujava/index.php?topic=24

21. NOVEMBER

Der Zuckerkrieg

Bedeck den Boden eines großen Suppentellers mit 1 cm Wasser. Gib jeweils einen andersfarbigen Tropfen Lebensmittelfarbe auf zwei Stücke Würfelzucker. Leg die Zuckerwürfel in den Teller.

Schreib deine Beobachtungen auf.

Dank der Farbe siehst du, wie sich die gezuckerten Bereiche des Wassers ausbreiten, bis sie aufeinandertreffen. Die Zuckermoleküle folgen einer zufälligen Diffusionsbewegung im Wasser, machen sich aber alle auf den Weg – entweder von dem einen oder dem anderen Zuckerwürfel.

Wiederhol das Experiment von gestern, aber ohne den Zucker

22. NOVEMBER

In deinen mit Wasser gefüllten Teller fügst du an zwei unterschiedlichen Stellen jeweils einen Tropfen unterschiedlicher Lebensmittelfarbe hinzu.

Notiere deine Beobachtungen.

»*Es ist nicht genug zu wissen – man muss auch anwenden. Es ist nicht genug zu wollen – man muss auch tun.*«

Johann Wolfgang von Goethe
(deutscher Dichter)

Die Farbstoffe brauchen sehr viel länger, bis sie sich verteilt haben. Der Zucker dagegen – wie wir im Experiment von gestern sehen konnten – verteilt sich sehr viel schneller und nimmt dabei den Farbstoff mit.

23. NOVEMBER

Schneide aus einem Kaffeefilter einen Streifen von 2 cm Breite und 10 cm Länge aus.
Gib drei Tropfen unterschiedlicher Lebensmittelfarbe darauf – und zwar nebeneinander in einer Reihe, wobei du einen Rand von 1,5 cm freilässt.
Tauch den Rand des Streifens in etwas Wasser, dabei sollen die Farbtropfen das Wasser nicht berühren.

Schreib deine Beobachtungen auf.

Ich liebe die Cocktails auf den Eröffnungen wissenschaftlicher Ausstellungen!

Das Wasser steigt den Streifen hoch. Dabei werden die Farbstoffmoleküle mit fortgetragen und ziehen eine Spur hinter sich her.

Wiederhol das Experiment von gestern. Statt der Farbstofftropfen ziehst du diesmal aber mit einem schwarzen (wasserlöslichen) Filzstift eine Linie.

Überrascht? Notiere deine Beobachtungen.

24. NOVEMBER

Der schwarze Filzstift setzt sich aus verschiedenfarbigen Pigmenten zusammen, die sich nicht mit derselben Geschwindigkeit fortbewegen. Du hast sie durch das Verfahren der »Chromatografie« voneinander getrennt.

25. NOVEMBER

Wohin zieht der Rauch?

Zünde ein Räucherstäbchen an und beobachte den Weg des Rauchs. In welche Richtung zieht er? Leg ihm Hindernisse in den Weg oder sorg für Durchzug.

Was passiert?

Die warme Luft an der glühenden Spitze des Stäbchens hat eine geringere Dichte als die kalte Luft im Raum. Daher steigt sie nach oben und nimmt den für dich sichtbaren Rauch der Räucherstäbchen mit. Hindernisse umrundet er leicht, aber der kleinste Luftzug lenkt ihn von seinem Weg ab.

Rauchkringel

26. NOVEMBER

Nimm eine Papprolle und verschließ eins ihrer Enden mit Bristolpapier (Mal- und Bastelkarton), in das du ein Loch von etwa 1,5 cm Durchmesser stichst. Die andere Seite verschließt du mit einem gut gespannten Papier von der Küchenrolle.
Füll die Rolle mit dem Rauch von Räucherstäbchen.
Klopf dann leicht auf das Küchenpapier.

Beschreibe, wie der Rauch aus der Rolle steigt.

Wenn du auf das Küchenpapier klopfst, steigen Rauchkringel auf. Der Luftzug, der durch die kleine runde Öffnung aus der Rolle gestoßen wird, breitet sich beim Austritt aus und formt Strudel, die sich ringförmig schließen. Delfine spielen mit diesem Phänomen:
www.youtube.com/watch?v=TMCf7SNUb-Q

27. NOVEMBER

»Versichere dich, dass die Kerze brennt, bevor du das Streichholz löschst.«

kreolisches Sprichwort

Schutzlos

Blas eine Kerze aus. Du weißt ja, wie das geht.
Und wenn du eine Flasche zwischen dich und
die Kerze stellst? Funktioniert es dann immer noch?
Was passiert, wenn du den Abstand
zwischen dir und der Kerze veränderst?
Und zwischen der Flasche und der Kerze?

Notiere deine Schlussfolgerungen.

Die Kerze findet hinter der Flasche keinen Schutz. Dein Atem umrundet das Hindernis und die Kerze erlischt ohne Weiteres.

Und wenn die Wetterfahne spiralförmig wäre?

28. NOVEMBER

Zeichne eine Spirale auf ein Blatt Papier und schneide sie aus.
Nun stichst du mit einer Nadel einen Faden durch die Mitte am oberen Ende und hängst sie über eine Heizung.

Warum beginnt sie, sich zu drehen?

Die vom Heizkörper erwärmte Luft steigt nach oben und dieser »Wind« lässt die Spirale kreisen wie Windmühlenflügel.

29. NOVEMBER

Füll ein kleines Glas zur Hälfte mit Alkohol (zum Desinfizieren). Gib einen Teelöffel Öl dazu.
Was passiert?

Füg nach und nach Wasser hinzu.
Schaffst du es, die Öltropfen bis auf halbe Höhe in der Flüssigkeit steigen zu lassen?

Öl ist dichter als Alkohol und vermischt sich nicht:
Es fällt auf den Boden des Glases. Öl hat dafür aber eine
geringere Dichte als Wasser und Wasser vermischt sich mit Alkohol.
Wenn du nach und nach Wasser hinzufügst, erhältst du
ein Wasser-Alkohol-Gemisch, das dieselbe Dichte wie Öl hat.
So kannst du die Höhe regulieren, auf der der Ölpegel stehen bleibt.
Heb das Gemisch bis morgen auf.

Füll ein kleines Glas mit Öl, ein weiteres mit Alkohol und ein drittes mit Wasser. Stell sie zusammen mit dem Glas von gestern ins Gefrierfach.

Welche sind nach ein paar Stunden fest geworden, welche sind flüssig geblieben?

Wenn die gefrorenen Inhalte zu schmelzen beginnen, was schwimmt dann oben, was geht unter?

30. NOVEMBER

Im Gefrierfach sind Wasser und Öl fest geworden, während der Alkohol und das Alkohol-Wasser-Gemisch flüssig geblieben sind. Schmilzt das flüssige Öl, so umhüllt es das noch feste Öl, das eine größere Dichte hat und daher unten bleibt. Wasser ist der einzige Bestandteil, der im festen Zustand (Eis) weniger dicht ist als flüssiges Wasser, und schwimmt daher an der Oberfläche. Im Glas von gestern sind die gefrorenen Öltropfen nach unten gesunken und schwimmen erst wieder oben, wenn sie geschmolzen sind.

DEZEMBER

Wer ist das?

Sieh dir das Bild aus der Nähe, von weiter weg und von ganz weit weg an.

Erkennst du es?

1. DEZEMBER

»*Der Zauber steckt immer im Detail.*«

Theodor Fontane
(deutscher Schriftsteller, Apotheker)

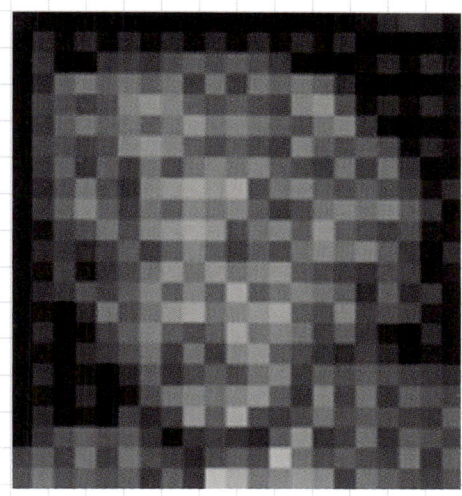

Von ganz weit weg... aber wie sollen wir das machen? Dazu müssten wir aus dem Buch aussteigen!

Du hast dieses Gesicht schon mal gesehen. Ein paar Hinweise reichen aus, damit du erkennst, um wen es sich handelt. Aber wenn du es von zu Nahem betrachtest, kann dein Auge die einzelnen Bestandteile nicht gleichzeitig zusammensetzen und du siehst nichts weiter als kleine Quadrate.

2. DEZEMBER

»Überall geht ein frühes Ahnen dem späteren Wissen voraus.«

Alexander von Humboldt
(deutscher Naturforscher)

Halte die Seite frontal vor dich und sieh dir das Gesamtbild der schwarzen Striche an. Ergeben sie Buchstaben?

Halte die Seite anschließend auf Nasenhöhe waagerecht von dir weg. Siehst du nun Buchstaben?

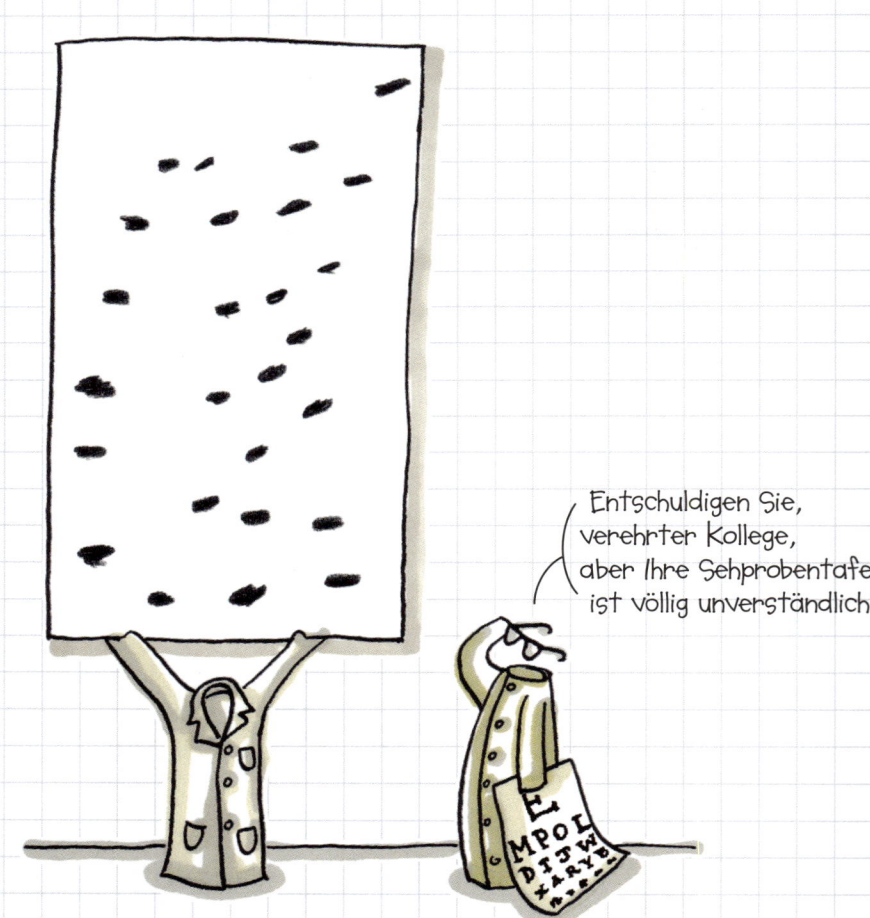

Entschuldigen Sie, verehrter Kollege, aber Ihre Sehprobentafel ist völlig unverständlich!

Frontal betrachtet, liegen die Striche zu weit auseinander. Aber wenn du das Blatt so weit neigst, dass es waagerecht liegt, rücken die Striche enger zusammen und deine Auge-Gehirn-Verbindung erkennt die Buchstaben.

Leuchte ein Blatt Papier extrem schräg von der Seite an, halte eine Buchstabenschablone davor und zeichne ein paar der so entstehenden lang gezogenen Buchstaben nach. In die Buchstaben malst du kleine waagerechte Striche.
Sie dürfen nicht zu dicht beieinanderliegen – schau dir die Zeichnung von gestern noch mal an.

Schreibe ein Wort, das man nur lesen kann, wenn man die Seite waagerecht und fast auf Nasenhöhe hält.

3. DEZEMBER

»Die Botschaft hör ich wohl, allein mir fehlt der Glaube.«

Johann Wolfgang von Goethe
(deutscher Dichter)

4. DEZEMBER

»Man kann nicht weiß auf Weiß malen, oder schwarz auf Schwarz. Ein jedes braucht den anderen, um ans Tageslicht zu treten.«

afrikanisches Sprichwort

Zeichne zwei Personen, die sich ansehen, im Profil. Ihre Nasenspitzen müssen sich fast berühren. Zieh anschließend einen waagerechten Strich oberhalb ihrer Stirn und einen weiteren auf Höhe ihrer Hälse. Mal die Stellen zwischen den beiden Profilen mit schwarzem Filzstift aus.

Was siehst du?

Der schwarze, klar umrissene Bereich kann als schwarzer Becher auf weißem Untergrund wahrgenommen werden. Oder du konzentrierst dich auf den weißen Teil und siehst die Profile auf schwarzem Untergrund. Je nachdem, worauf du dich konzentrierst, ändert sich deine Wahrnehmung.

5. DEZEMBER

»Eine Definition ist das Einfassen der Wildnis einer Idee mit einem Wall von Worten.«

Samuel Butler
(englischer Dichter)

Gibt es keine Umrisse, dann erfinde welche!

Zeichne die Skizze des Quadrates nach und lass drum herum auf jeder Seite 3 cm Platz. Zeichne wie auf der Vorlage über alle vier Ecken einen Teilkreis mit einem Radius von 1 cm und mal ihn schwarz aus.

Was siehst du? Fertige eine weitere Skizze an, diesmal ein Dreieck mit 3 cm Seitenlänge.

Du siehst ein weißes Quadrat (oder Dreieck), das auf schwarzen Kreisen liegt. Dieser Blick auf die »Figur ohne Umrisse« überwiegt. Alternativ könnte man auch schwarze Teilkreise auf weißem Papier sehen, doch das ist sehr viel schwerer.

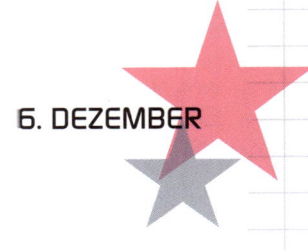

6. DEZEMBER

Schreibeinensatzohneabständezwischendenworten. Wievielemalhastduihngelesenbevorduihnverstandenhast? Testeihnauchbeifreundenundfamilienmitgliedernundschreibdeineschlussfolgerungenauf. Areyoureadytotrythesametestinenglish?

»Die Kehrseite der Wörter ist, sie haben mehr Konturen als Ideen.«

Victor Hugo
(französischer Schriftsteller)

Um ein Wort erkennen und leicht lesen zu können, muss dein Gehirn zunächst Anfang und Ende des Wortes identifizieren. Doch sobald du verstanden hast, dass die Abstände zwischen den Wörtern weggelassen wurden, arbeitet dein Gehirn anders und du kannst den Text leichter lesen – vor allem in deiner Muttersprache.

Abgesehen von Kommafehlern – welchen typischen Rechtschreibfehler überliest du in einem Text am häufigsten?

7. DEZEMBER

Einige Worte fallen in Sätzen nicht auf ... und dann offenbaren sie sich ... Ein bisschen so wie unser Freund, der Kescher!

Die meiste Zeit springen deine Augen von einem Wort zum nächsten und setzen so einen sinnvollen Satz zusammen. Doch geläufige Wörter wie »die« liest du kaum, sodass du vielleicht gar nicht bemerkst, wenn sie öfter vorkommen. Auch wenn du zwei Buchstaben in der Mitte eines Wortes vertauschst, fällt das selten auf. Probier es aus. Vertauschst du aber den ersten und den letzten Buchstaben, fällt es viel schneller auf.

8. DEZEMBER

Die Wand wird hell

Leuchte mit einer Taschenlampe auf eine Wand und halte einen Bleistift zwischen zwei Fingern. Lass ihn vor der Lampe hin- und herwedeln. Bewegt der Bleistift sich langsam, kannst du mitverfolgen, wie sich die Beleuchtung auf der Wand ändert.

Und was passiert, wenn er immer schneller wird?

»Wir verdanken Edison viel – ohne ihn würden wir bei Kerzenschein fernsehen.«

Milton Berle
(US-amerikanischer Komiker und Schauspieler)

Unterbrichst du das Licht in einem schnelleren Rhythmus, siehst du in der Beleuchtung der Wand praktisch keine Veränderung mehr. Denn dein Gehirn nimmt nur Bilder wahr, die es knapp eine Zehntelsekunde lang sieht. Bei diesem Phänomen handelt es sich um die »Nachbildwirkung«. Im Kino oder im Fernsehen wechselt das Bild etwa 25 Mal pro Sekunde, wodurch man kein Flimmern sieht.

Lass deinen Bleistift wie gestern so schnell wie möglich hin- und herwedeln.

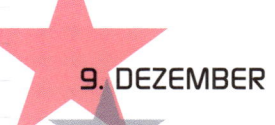

9. DEZEMBER

Was siehst du?

Mach alle Lichter aus und schalte den Fernseher ein. Was siehst du, wenn dein wedelnder Bleistift nur vom Bildschirm angestrahlt wird?

Bei Tageslicht: Schwingt der Bleistift sehr schnell hoch und runter, siehst du alle seine Positionen gleichzeitig. Sie sind wie ein fortlaufender Fächer angeordnet. Ändert sich aber die Beleuchtung (Fernsehbildschirm), siehst du einige Positionen deutlicher – möglicherweise sogar immer an der gleichen Stelle, wenn du deine Bewegungen auf das unregelmäßige Licht des Bildschirms abstimmst.

10. DEZEMBER

Ruhe, Dreharbeiten!

Zeichne ein und denselben einfachen Gegenstand auf zwei Blätter eines Post-it-Blocks.
Der Gegenstand soll sich von einer Seite auf die andere leicht unterscheiden.
Wickle das erste Blatt um einen Bleifstift, damit du es schnell nach oben und unten bewegen kannst.

Was macht der Gegenstand?

Er bewegt sich wie in einem Zeichentrickfilm, in dem 25 Bilder pro Sekunde aufeinanderfolgen. Der Eindruck von Bewegung wird hervorgerufen durch ... den Phi-Effekt (siehe morgen).

Stich zwei Löcher in einem Abstand
von etwa 1,5 cm in blickdichte Pappe.
Stell ein Licht dahinter: Du siehst zwei leuchtende
Punkte. Verdeck mit einem Finger schnell das
eine Loch auf der Rückseite, dann das andere.

**Versuch einen Rhythmus zu finden, bei dem
der leuchtende Punkt von einem Loch zum
anderen gleitet (und nicht hüpft).**

11. DEZEMBER

Folgen zwei Bilder leicht zeitversetzt, aber schnell aufeinander,
erfasst unser Gehirn sie nicht einzeln, sondern vermittelt uns
den Eindruck von Bewegung – genau wie im Kino.

12. DEZEMBER

Bedeck den Boden einer Schüssel mit Murmeln

Setz dich so tief, dass du keine Murmel siehst. Zwischen den Murmeln und deinen Augen gibt es also keine direkte Verbindungslinie.

Ohne deine Position zu verändern, füllst du die Schüssel mit Wasser. Was siehst du?

Alle Murmeln! Das Licht, das von den Murmeln ausgeht, ändert die Richtung, wenn es aus dem Wasser kommt. So gelangt es bis zu deinen Augen. Dieses Phänomen nennt man »Lichtbrechung«.

Leuchte in einem dunklen Raum mit einer Taschenlampe auf einen schräg stehenden Spiegel, der in eine mit Wasser gefüllte Schüssel getaucht ist. Halte die Taschenlampe so, dass sich ihr Lichtstrahl an der Decke widerspiegelt.

Kannst du am Rand des Lichtflecks an der Decke die Farben des Regenbogens erkennen?

13. DEZEMBER

Im Wasser verfolgen alle Farben, aus denen sich weißes Licht zusammensetzt, ihren eigenen Weg. Deswegen werfen sie Lichtflecken in ihrer jeweiligen Farbe – jeweils etwas versetzt – an die Decke. Die Stelle, an der sie sich überschneiden, erscheint weiß. Aber an den Rändern kannst du die Farben weiterhin erkennen.

14. DEZEMBER

Verteil ein paar Tropfen Spülmittel auf deiner Hand

Forme mit deinem Daumen und deinem Zeigefinger einen Kreis, damit sich eine Seifenhaut bildet. Nun kannst du die Farben des Lichts bewundern, bis der Film reißt.

Schreib deine Beobachtungen auf.

»Die Farbe hat mich. Ich brauche nicht nach ihr zu haschen. Sie hat mich für immer. Das ist der glücklichen Stunde Sinn: Ich und die Farbe sind eins. Ich bin Maler.«

Paul Klee
(deutscher Maler und Grafiker)

Der Seifenfilm ist bunt, weil er nicht alle Farben des Lichts gleichmäßig reflektiert. Die Farbwahl hängt von der Dicke der Seifenschicht (die mit der Zeit nachlässt) und deinem Blickwinkel ab.

Nimm eine CD, dreh sie auf die blanke Seite und fang mit ihr weißes Licht auf.
Siehst du die Farben?

Halte dir einen Strumpf (mal mehr, mal weniger gespannt) vor die Augen und schau von Weitem auf eine eingeschaltete Glühbirne.
Siehst du die Farben?

15. DEZEMBER

»Es ist das Detail, das unterhält und lebendig macht.«

Georges Braque
(französischer Maler, Grafiker und Bildhauer)

Ja. Durch die winzigen Hindernisse, die du ihm in den Weg gestellt hast (Rillen einer CD, Stoffmaschen), hat das weiße Licht ein paar seiner Farben verloren. Und zwar diejenigen, die sich in derselben Größenordnung wie die »Wellenlängen« des Lichts bewegen. Diese variieren von Blau (0,35 Mikrometer) bis Rot (0,7 Mikrometer). Ein Mikrometer ist 1 000-mal kleiner als ein Millimeter.

16. DEZEMBER

Leg ein gelbes und ein blaues Kreidestück in ein Schälchen. Schütte ein wenig Essig über sie.

Was passiert?

Der Essig greift den Kalk an, aus dem die Kreide besteht, und lässt nur den blauen (der Gelb ausmerzt) und den gelben (der Blau ausmerzt) Farbstoff übrig. Dort, wo sie sich vermischen, bleibt bloß Grün übrig.

Schneide Rotkohl klein und fülle ihn in ein Einmachglas.
Schütte kochendes Wasser darüber.
Wenn es abgekühlt ist, tunkst du mehrere
Streifen Kaffeefilterpapier in dieses (lila!) Wasser.
Lass sie anschließend trocknen.

Auf einen der Filterpapierstreifen träufelst du
anschließend einige Tropfen Zitrone oder Essig, auf
einen anderen etwas Seife oder feuchtes Waschpulver.

Vergleich die Farben.

17. DEZEMBER

Sie brauchen kein Vermögen mehr ausgeben, um Ihre Flecken zu entfernen! »Die wissenschaftliche Methode« funktioniert immer!

Der aus dem Rotkohl gewonnene Farbstoff ändert seine Farbe
je nach Säuregehalt seiner Umgebung: Bei Essig oder
Zitronensaft wird er rot, wenn Seife im Spiel ist, blau. Kannst du
die Farbänderung wieder rückgängig machen? Probier es aus.
Träufle Säure auf das seifige Filterpapier und umgekehrt.

18. DEZEMBER

Such dir ein noch grünes Blatt
(von einer Zimmerpflanze, Efeu, etc.)

Leg es etwa 30 Sekunden in einen Topf mit kochendem Wasser. Weich es danach in einem Schälchen voller Alkohol (zum Desinfizieren) ein.

Beobachte es im Laufe der nächsten zwei Tage.

Das Blatt enthält nur noch Karotin (gelb). Das kochende Wasser hat die Membran, die das Chlorophyll (grün) umgibt, zerstört und dieses hat sich anschließend im Alkohol aufgelöst.

Leg ein grünes Blatt von einer Pflanze auf einen Streifen Filterpapier. Drück mit einem Bleistift fest auf und ziehe so einen grünen Strich. Lass dabei einen Rand von etwa 1,5 cm. Verschieb das Blatt immer wieder und fahr ein gutes Dutzend Mal mit dem Stift darüber, damit der Strich ordentlich grün wird. Tauch den Rand des Filterpapiers in ein wenig Alkohol (zum Desinfizieren). Der Strich darf den Alkohol nicht berühren.

Notiere deine Beobachtungen.

19. DEZEMBER

»Zinnober kann man abwischen, aber man kann ihm nicht seine Röte nehmen.«

Lü Bu We
(chinesischer Kaufmann, Politiker und Philosoph)

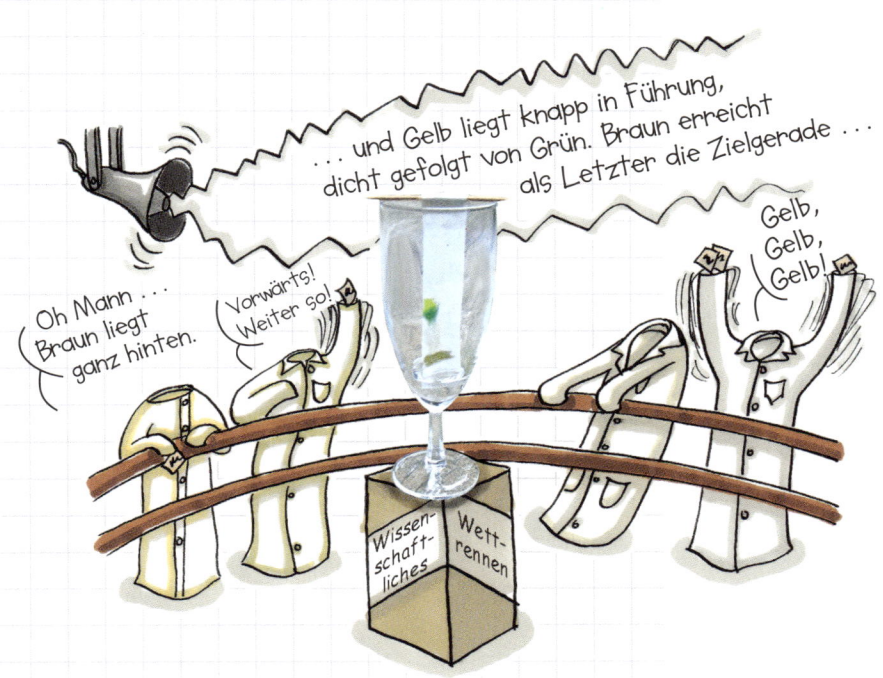

Der Alkohol klettert den Streifen hoch und trägt das Karotin (gelb) mit sich fort, dicht gefolgt vom Chlorophyll (grün).
Die anderen Bestandteile (braun) wandern nicht mit Alkohol.

20. DEZEMBER

Nimm eine Papprolle und verschließ eines ihrer Enden mit Alufolie, durch die du ein Loch (2 mm) gestochen hast. Verschließ das andere Ende mit Pauspapier und verlängere die Rolle, indem du eine zweite Papprolle anklebst. Halte beide vor dein Auge und schau bei helllichtem Tag aus dem Fenster.

Was siehst du?

Eine sehr dunkle und auf dem Kopf stehende Landschaft. Dunkel, weil nur sehr wenig Licht durch das Loch dringt. Auf dem Kopf, weil die Lichtstrahlen, die von vorne aus der Landschaft kommen und durch das Loch dringen, nach unten auf das Pauspapier fallen.

Füll ein Glas mit Wasser

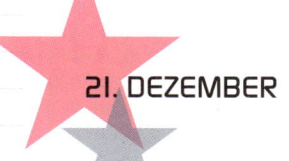

21. DEZEMBER

Es muss ein kugelförmiges sein, z. B. ein klassisches Rotwein- oder Cognacglas. Halte es bei helllichtem Tag vors Fenster und stell ein Pauspapier dahinter auf.

Stell das Pauspapier so auf, dass du ein klares Bild der Landschaft darauf erkennst.

»Ehre dem Fotografen! Denn er kann nichts dafür!«

Wilhelm Busch
(deutscher Dichter und Zeichner)

Wie gestern siehst du eine auf dem Kopf stehende Landschaft – diesmal aber sehr viel heller. Die von einem Punkt in der Landschaft ausgehenden Lichtstrahlen durchqueren das Glas und sammeln sich alle in einem Punkt auf dem Pauspapier. So funktionieren ein Fotoapparat ... und dein Auge!

22. DEZEMBER

Setz dich abends in einen dunklen, nur von einer Kerze erhellten Raum.

Kannst du die Farben der Gegenstände unterscheiden? Was ist, wenn du sie näher ans Licht rückst? Ist es dann leichter?

»Es ist schwierig, eine schwarze Katze in einem dunklen Zimmer zu fangen, vor allem wenn sie nicht da ist.«

chinesisches Sprichwort

Im hinteren Teil deines Auges befinden sich zwei Arten von Sinnesrezeptoren, die Licht aufnehmen. Die »Stäbchen« sehen im Halbdunkel, können aber keine Farben unterscheiden. Die »Zapfen« unterscheiden Farben, funktionieren aber nur bei ausreichend Licht.

Leg verschiedenfarbige Filzstifte auf einen Tisch

23. DEZEMBER

Stell dich mit dem Rücken zum Tisch und sieh starr geradeaus. Ohne hinzusehen, wählst du nun einen Filzstift hinter dir aus. Führ ihn langsam mit waagerecht ausgestrecktem Arm nach vorne.

Kannst du seine Farbe schon in dem Moment erkennen, in dem er in dein Blickfeld gerät? Führ deinen Arm weiter nach vorne. Wann erkennst du seine Farbe?

»Es sind Harmonien und Kontraste in den Farben verborgen, die ganz von selbst zusammenwirken.«

Vincent van Gogh
(niederländischer Maler)

Wenn der Filzstift in dein Sichtfeld eindringt, erreicht sein Licht erst mal nur die Rezeptoren seitlich an deinem Auge. Dort sitzen aber lediglich die »Stäbchen«. Die »Zapfen«, die für die Farberkennung zuständig sind, befinden sich in der Augenmitte.

24. DEZEMBER

Schneide aus grauer Pappe einen großen Weihnachtsmann aus

Richte drei farbige Strahler (rot, grün und blau) auf eine Wand. Dort, wo alle drei Farben zusammenfallen, erscheint dir der Lichtstrahl weiß.
Halte den Weihnachtsmann dicht vor die Wand und schieb ihn in einen, zwei oder drei Lichtstrahlen gleichzeitig.

Was kannst du beobachten?

Farbige Schatten. Die Farbpalette lässt sich in drei grundlegende Bereiche einteilen: Rot, Grün und Blau, die zusammen weißes Licht ergeben. Sobald ein Bereich fehlt, werden Farben sichtbar. Siehe auch: www.max-wissen.de/Tools/swf/farbmix.swf

Zeichne in das weiße Blatt auf dieser Seite einen Vogel und mal ihn mit einem kräftigen Rot aus. Starre ihn an, ohne deine Augen zu bewegen, und zähl langsam bis 20. Sieh anschließend zu dem Käfig auf weißem Hintergrund hinüber.

Was siehst du?

25. DEZEMBER

»Die Nachtigall ward eingefangen, sang nimmer zwischen Käfigstangen.«

Joachim Ringelnatz
(deutscher Schriftsteller, Kabarettist und Maler)

Einen blauen Vogel im Käfig. Nach 20 Sekunden hat das rote Bild des Vogels die Rezeptoren auf der Rückseite deines Auges »gesättigt«. Wenn du anschließend auf einen weißen Hintergrund blickst, erhält dein Gehirn von dieser Stelle, in Form eines Vogels, das Signal »Weiß minus Rot«, d. h. Blau-Grün. Wiederhole das Experiment mit Vögeln in verschiedenen Farben.

26. DEZEMBER

Zeichne zwei gleiche Kreise mit einem Durchmesser von 3 cm.
Um den ersten herum zeichnest du acht kleine Kreise von etwa 1,5 cm Durchmesser.
Den zweiten umgibst du mit fünf großen Kreisen von etwa 4 cm Durchmesser.

Welcher dieser beiden gleich großen Kreise erscheint dir größer?

Dein Gehirn stellt Vergleiche an und zieht die Zeichnung heran, um sein (manchmal fehlerhaftes!) Urteil zu fällen ...

Hier eine Liste mit den Eigenschaften einer Person

27. DEZEMBER

Kompetent, fleißig, warmherzig, entschlossen, pragmatisch, umsichtig.

Frag mehrere Freunde, welchen Eindruck diese Person auf sie macht.

Wiederhol diesen Versuch mit anderen Freunden und tausch dabei das Adjektiv »warmherzig« gegen sein Gegenteil »kalt« aus.

Notiere ihre Eindrücke.

Als »Halo-Effekt« bezeichnet man die Neigung, die Leute haben, ein Wort alle anderen »überstrahlen« zu lassen (hier: »warmherzig«). Wenn du eines der anderen Worte durch sein Gegenteil ersetzt hättest, wäre die Wirkung auf die Wahrnehmung wahrscheinlich schwächer gewesen. Prüf es mal nach!

28. DEZEMBER

Such ein paar Werbetexte heraus und find die Schlüsselworte, die sie benutzen, um dein Urteil zu beeinflussen.

Zum Beispiel: nach der beliebten Fernsehsendung, Marmelade wie von Muttern, Milch von glücklichen Kühen, Sonderangebot etc.

Gleichzeitig wird das »sensorische Marketing« (Musikauswahl, Gerüche, Dekoration) immer weiterentwickelt, um den Anreiz der Produkte an ihrem Kaufort zu steigern.

»Dem wirklichen Leben eine Tonspur hinzufügen«

29. DEZEMBER

Das war der Ansporn für den Erfinder des ersten tragbaren Kassettenrekorders, dem Vorfahren von Walkman und iPod.

Stell dir einen Gegenstand vor, den es noch nicht gibt, den du aber gerne hättest.

Beschreibe ihn und erklär deine Beweggründe. Wie würdest du Werbung dafür machen?

30. DEZEMBER

Was gibt es noch zu entdecken und zu verstehen?

»Nichts«, sagten führende Physiker zu Beginn des 20. Jahrhunderts.

Und was, glaubst du, zu Beginn des 21. Jahrhunderts?

Welches Bild hast du von einem Wissenschaftler?

31. DEZEMBER

Zerstreut wie Albert Einstein?
Ein bisschen schwerhörig wie Professor Bienlein bei *Tim und Struppi*?

Beschreibe den Wissenschaftler, der du werden könntest.